suncolor

越活越勇敢，
我是朴末禮

朴末禮、金宥拉 著

郭佳樺、李佩諭 譯

suncolor
三采文化

•提醒
本書為如實呈現朴末禮阿嬤混合方言的說話語氣，部分內容的用字和文法可能與正規用法有所出入。

金宥拉

站在三十歲的臨界點，某種預感驟然撲向我。

那是警示我的人生不會再有轉變的不祥預感。

因為，「機會」這張牌大部分是給二十幾歲人的。

...

朴末禮

夭壽喔。

活到七十幾歲真是好哩佳哉。

目錄

4

上半場

失禮的
人生

朴末禮。生為家中么女，故取名為「末禮」。

家中在當地雖算得上是小康人家，卻因為是女生，

從小沒機會念書，都在家裡幫忙家務。長大後遇人不淑，

人生從此坎坷不順，賣命工作了五十年。

七十歲的那年，末禮放棄了人生。

她心想，自己恐怕是勞碌到進棺材的命吧！

不過，正所謂風水輪流轉。

七十一歲的那年，朴末禮的人生出現了變化。

而且還是天翻地覆的變化。

十五歲
農家女兒

我，朴末禮，在家中兩男四女中排行老么。兩個哥哥聽說是在韓戰時失散的，我不知道他們長什麼樣，只聽到他們已經死掉的消息。阿爸說家裡沒兒子，沒人可教，便教姪子讀書。

「阿爸，我可不可以學寫字？」

我在早餐飯桌上說了這麼一句話，反被大姊用湯匙敲了額頭一下。阿爸說，查某囡仔要是認得字，將來就算嫁了人也會拋家棄子，所以連姊姊他們都不教。更別說我是老么，名字又叫末禮，想反抗也不敢。姪子讀書的期間，為了給那間房添柴火，我整個冬天都往山裡跑。

好吧，大概是兩個哥哥死掉帶來的衝擊所造成的。

我試著從這個角度理解阿爸的作為。

即使不識半個字，我在家裡仍是最忙的。早上醒來去砍柴、餵飼養的牛群，送完便飯再去砍柴。

如果幫忙農務的庄頭叔伯到家裡來，我就煮飯給他們吃。每次那些叔伯誇我飯菜煮得好吃，我總是得意洋洋，樂不可支。但轉念一想又恨死了我阿爸。家裡的經濟情況寬裕到能請人來幹活，卻看我是查某囡仔不肯教我識字，我只能壓抑著對讀書的渴望，天天在廚房掀鍋蓋、蓋鍋蓋了。

過沒多久，我聽說庄內有個聰明的大哥哥在教沒上學的孩子們識字。這簡直是老天給我的機會！

「阿爸，我能不能在晚上出去學寫字？」

「發什麼神經。晚上烏漆抹黑的，你一個查某囡仔不准出去！」

那時不知是哪來的勇氣，我瞞著阿爸偷偷去上課。看到自己女兒不計後果也要想學得一字半字，或許是心疼吧，阿母把我叫到廚房，悄悄將包了鉛筆和紙的布包塞給我。雖然比別人晚開始學字，但我非常認真，把紙寫破了好幾張，很快跟上了進度。於是，我白天砍柴，晚上背字。

但學字並沒有持續很久。教字的大哥哥說他要上首爾，沒辦法再教我們了。我還記得很清楚，那天我吸著鼻水

走回家，忽然眼前一片霧濛濛，眼淚猛地流下來。

「末禮很聰明，你若能繼續讀書就好了。」

想起大哥哥說的話，我站在原地哭了起來。

似乎是感應到我這輩子不會再有這種機會，眼淚像瀑布
傾瀉般嘩啦啦地流下。

我哭得全身髒兮兮的回到家裡。怕吵醒睡著的阿爸，我
躲在阿母的懷裡無聲地大哭了一場。

十六歲

來幫忙農務的叔叔伯伯，從十個增加到了二十個。
十六歲的印象全是工作，只記得那些叔伯對於我小小年
紀就煮得一手好菜而感到驚訝的樣子。

十八歲
韓服學院

姊夫們買了一臺針車（縫紉機）送給我這個獨一無二的
屘姨仔。

那我總得會用針車吧。這時候我能仰賴的，就只有我阿
母了。

「阿母，我能不能瞞著阿爸去跟人家學針車？」

「這種鄉下地方哪有人開班教針車。」

不久後，離庄頭有段距離的地方開了一家韓服學院，
在阿爸的允許下，我可以去上課了。阿爸也真是好笑，
他不讓我去上學，卻允許我去上這種才藝學院。真搞不
懂我阿爸的心思。

那時候每到早上八點，我便穿著及膝黑裙（兩邊縫有口
袋）和白襯衫，拎著裝有裁縫工具的布包出門。之前那
麼想上的學校沒能上，想學的字也沒能好好學，如今可
以去韓服學院我簡直是樂翻了。因此，去上韓服學院是

我人生中最寶貴的經驗（在我開始經營 YouTube 之前是這樣的）。

我怕上學院太晚回家，阿爸會禁止我再去，所以一定在正午前到家。一回到家，就要馬上煮飯給阿爸吃和餵牛。姊姊們都嫁人了，我要做的家務也跟著變多。真不懂姊姊她們幹嘛那麼早嫁。

「我只吃熱的飯！」

我家阿爸很龜毛，冷掉的飯絕不吃。我用自己扛回來的柴薪生火，為他準備熱騰騰的飯。然後到菜園拔出蘿蔔和白菜，做成鮮辣醃菜，再用自家釀的醬油和大醬……在這樣的生活中，韓服學院是我唯一能喘口氣的地方，也是我僅有的幸福。

不過……是我太有幹勁了嗎？連做韓服都學得飛快，去了六個月就提前畢業了。哎呀！這是該高興，還是該傷心呢？現在想起來，我應該慢慢學的，悔不當初啊！

更慘的是，家裡多了裁縫的工作，我要做的事又變多了，這簡直令人發狂。我替庄頭叔伯修補破洞的衣物，或是縫製褲子，他們便來我們家幫忙農務做為謝酬。

朴末禮我啊，可真是為家裡奉獻得肝腦塗地。

十九歲

過著一樣的生活。

二十歲
遇到錯的人

某天，我朋友仁愛突然找我去他們家。

我不該去的……到了那裡才發現鍾根也在。鍾根過沒多久成了我丈夫，我的人生就是從這裡開始變調的。

那附近有個賣地瓜的大嬸，鍾根聽說我來了，便向她買地瓜給我。但我連看都不看一眼，地瓜那種東西我們家多的是。

當時庄頭裡要是男女一起吃地瓜，還玩在一起，就會被傳是要結婚了，所以我都離鍾根遠遠的。鍾根是庄頭人，我對他有粗略的了解。他這傢伙沒禮貌又沒教養，加上人又窮，是個糟糕透頂的男人。但起碼他的長相還算英俊，除此之外，一無可取。

某天，鍾根來我們家幫忙農務。為了讓我阿母看上眼，他賣力工作，對阿爸也是畢恭畢敬的。阿母看鍾根做事勤奮，不想他家境貧困，直說他人不錯，巴不得招他為

婿，一有空就逼我去相親。大概是姊姊都出嫁了，只剩我還待在家，所以她打算撮合我和鍾根。相反地，阿爸嫌鍾根獨力扶養母親，品德又差，不同意這樁婚事。

後來阿爸過世了。家裡沒了能幹活的男丁，鍾根順勢扛下那些工作，幫了不少忙。仁愛則在旁邊一直慫恿我和鍾根結婚。「你阿母很喜歡他，怎麼你就不喜歡呢？」不停勸我跟他交往看看。當時我的理想對象是溫文儒雅、又高又帥的富家子弟，但鍾根只有長相和身高符合條件。

偏偏仁愛那丫頭老是提議三個人一起出去玩，幾次玩下來，不知不覺間我對鍾根產生了感情。起初鍾根對我獻殷勤時，我總在心裡罵「你X的，也不看看你啥貨色」，但他頻頻如此，讓我越看他越順眼，對他說話也漸漸變得溫柔多情。

「跟這傢伙結婚……應該……也不錯吧？」當我冒出這念頭的瞬間，他開口說了。

「末禮，嫁給我吧！」

我爽快地說好，我那時一定是瘋了。

阿娘喂喔，我沒想到這傢伙是窮到脫褲的程度。我嫁過去以後，這傢伙卻把我擺在家裡，自己成天躲著我不在家。

哪門子的夫妻會把對方丟在家裡，自己在外面鬼混？

大概是我原本住在養得起長工的娘家，嫁給他以後被帶來這個窮兮兮的地方，所以他沒臉見我。我婆婆似乎也對我不好意思，總是要我過來吃準備好的飯。婆家也沒什麼東西可炊，我要天天回娘家偷麥子來才行。

身為人家的丈夫，要是家裡沒米，好歹會到別人家做事，賺點錢回來，他卻整日在外賴賴趖。跟我新婚才三個月，沒說一聲就自己跑去木浦了。他像候鳥父親那樣來來去去的，但不是大家所認知的那種候鳥父親。通常候鳥父親是出外工作，提供生活費給家裡，而我丈夫是自己無憂無慮自由飛的候鳥，所以叫候鳥父親。在這來去之間，我終究懷孕了，二十一歲生了第一個孩子。

唉，真正讓我心灰意冷的是，我懷胎那十個月，他沒為我做過一件事。可能是怕我碎碎念，丈夫一直在外面流連。「他應該是愧對我才會這樣。」我抱著這個想法繼續過日子。然而，他回家的頻率逐漸減少，孩子出生以後，他甚至開始不回來了。沒有生活費，丈夫人也不知道在哪裡，不知道在做什麼……

聽到他在釀酒廠工作後，我用包巾揹著孩子去找他。當時我們大兒子還是出生未滿一百天的襁褓嬰兒……我手

頭沒錢，帶著去程的車錢便踏上遠途。

回來的車錢打算到那再跟丈夫拿。

到了釀酒廠，外頭有個大叔守著。現在回想起來才覺得他是警衛，但那時候的我天真到不行，又什麼都不懂，以為戴著帽子站在大門口的都是警察。我跟那個大叔說我來找丈夫，並告訴他名字，他聽了卻嚇一跳。天啊，那傢伙竟然在這裡假裝自己是單身漢。丈夫的行徑當場被揭穿後，我陷入了絕境。

我的眼淚掉個不停。大叔說天冷，別站在外面凍著孩子的腳，招呼我進去警衛室，但我覺得太丟臉了，不敢進去。我用雙手緊緊握住兒子的腳底板，轉身離去。

我跟路過的公車車掌說我沒錢搭車，拜託載我到附近的鶴橋就好。大概是我看起來很淒慘，他沒多說什麼就讓我上車了。我記得有個遠親住在鶴橋，打算想辦法找到他家，請他收留我們母子一晚。眼前出現一間派出所，我揹著孩子走了進去。

「大嬸，你來這裡有什麼事嗎？你是去了哪，怎麼會沒錢搭車？」

「大叔……請載我一程吧。」

「哎，已經過十二點了，哪有車能走啊？」

那是個還有宵禁的年代。兒子腳凍到哭，討奶也哭，而我則是脹奶痛得要命……

「我有親戚住在這裡。請幫我找找……」

「你不說你親戚在哪，我要怎麼幫你找！」

想想我也真是聰明。我向警察說明那區有處湧泉，只要送我到那附近我就會自己看著辦，懇求他幫我這個忙。

暖爐烤熱了兒子被凍僵的腳，我的眼淚莫名地掉了下來……

在警察的幫助下，我走到了記憶中的湧泉處。那裡真的有山泉水流出，我循著記憶找到了表哥的家。警察敲了敲門。

「打擾一下！」

表嫂走出來，看到我的模樣和警察，眼睛瞪得老大。她說我們的確是親戚，要我趕緊進門，於是警察就走了。

我見到表嫂，忍不住放聲大哭，因為委屈……因為憤恨……眼淚傾瀉而出。脹奶痛得我手臂舉不起來也是部分原因。

那天……我看透了一切。

就此認清了事實。

直到現在。

二十二歲
該死的愛

「你這個死丫頭。我這輩子被你害慘了！」

仁愛也知道這件事了。我邊哭邊罵她。借住在仁愛家的期間，我們倆一起痛罵鍾根。娘家阿母則是要我忍耐過活，為了兒子。

我賣掉結婚時鍾根給的彩禮，把那筆錢借給庄內的大嬸。那個大嬸後來用米連本帶利地還給了我。我用一袋大麥的錢踏實地理財，要搬去首爾時，大麥已經變成了七袋。

我去接人在木浦的丈夫，把他送到首爾。並將賣掉大麥的錢全給了丈夫，交代他在首爾租個房子。過了一個月，我整理完鄉下這邊的事前往首爾，跟丈夫聯絡。我問他房子租了沒，他說沒有。我問他那筆錢花到哪去了，他說他沒衣服穿，所以拿去買衣服了。他買了一套後備軍人的衣服。吼，這個神經病！

親朋好友問我首爾的房子找得怎麼樣了，我不想罵老公，所以沒辦法照實講。

但現在可以說了。

這個王八蛋。我到底該不該跟這個人生活下去啊？

大兒子三歲時，我終究還是把他交給婆婆照顧，開始外出工作。差不多到他國小二年級那年，才有能力接他回來。那幾年在首爾發生了好多好多事……我原本以為沒有人比我更命苦了，但仔細想想，我婆婆才是最命苦的。因為那個兒子，不知道吃了多少苦頭。

因此，我到現在仍會祭拜我婆婆。她養了一個混帳兒子，連句難聽話都不敢對媳婦說。一想到我婆婆，我就心疼得想哭。

二十四歲
苦力

老公去做苦力，但那渾球又沒拿錢回家了。他找一堆藉
口，說什麼公司沒發錢的，於是我便跟去看看。
錢都按時發放啊。
想也知道，肯定是這傢伙拿去亂花了。
我從此信不過這個傢伙，便一起去做苦力。
但工作太艱辛，我沒有做很久，因為實在是吃不消啊！
要扛著那些磁磚爬到三樓……阿娘喂，我的腰差點沒
斷。所以我開始去做鐘點幫傭。

二十四歲
鐘點幫傭

做鐘點幫傭期間，我為了省一百塊的車資，總是從盤浦
走到舍堂洞。那時候還年輕，所以禁得起走。後來只去
一家幫傭賺的錢不夠用，我就接了兩戶人家的委託。做
了一陣子，我加入了專業的鐘點幫傭公司；工作都上手
以後，接三戶人家我都能應付自如。你以為就這樣嗎？
傍晚我還到餐廳上班，洗碗洗到深夜十點。

早上去做鐘點幫傭時，主人給咖啡就喝，沒給就不喝。
接下來便開始做事，即使我去的那棟房子有洗衣機，我
仍用手洗，有吸塵器也還是用掃帚掃地。連襪子、內衣
褲都洗是基本的，假如襪子有任何一點小髒汙，就重洗
一遍。隔天上門時，再把晒乾的衣服摺好放到他們各自
的房裡。內褲當然也是摺好的。那是我的工作。

有一次，我到某戶超級有錢人家裡工作。打開冰箱準備
整理時，我發現有玻璃罐裝著一坨紅紅的東西。現在想

想，那應該是卓莓果醬。當時我沒吃過草莓，非常好奇那坨紅紅的是什麼東西。罐子上印著草莓的圖案，所以大概知道是草莓。有的是韓國草莓的圖案，有的不知道是不是美國產的，寫著歪七扭八的字，我也看不懂。那時候我連草莓果醬是用來做什麼的都不知道。

那戶人家的孩子走過來說：「大嬸，請給我們麵包和草莓果醬。」我反問他們草莓果醬是什麼。他們笑我連草莓果醬都不認得，又說：「大嬸，你不識字嗎？」

「才不是，我識字！」

這些死囡仔脯！我識字，但不知道草莓果醬是做什麼用的才會問啊。總之，我拿出紅通通的草莓果醬罐給孩子，他們在手心放上吐司後，用湯匙唰唰唰地抹平果醬，再折起來吃下去。

『啊……原來是那樣吃的啊……』

我看了那袋吐司，數量是有限的，不過草莓醬好像吃一點點也不會被抓包。我打開果醬罐，用湯匙沾了一點點來嘗味道。天啊……這就是草莓果醬喔……又甜又好吃呢。

旁邊還有罐黃黃的東西，現在想想，那應該是花生醬。

看起來像我做糕點時撒的豆粉，害我以為有錢人都會把豆粉和水拌成糊分著吃。

不久後，那家孩子帶了一個朋友回來。他自己吃草莓果醬，朋友則拿吐司抹那個黃黃的東西吃。我在後面看嚇了一跳，不懂那到底是什麼東西，原來也是抹在麵包上吃的啊……

我後來開餐館時，女兒有次買了那個花生醬來。

「媽，你把這個抹在吐司上吃吃看。比草莓果醬更好吃。」

「是花生醬啊。」

「你吃過這個？」

「……」

當下我覺得丟臉所以沒說。等我女兒看到這本書，就會知道怎麼回事了吧。

二十八歲

做著鐘點幫傭和餐廳打工。

三十二歲
擺水果攤

我下定決心用攤車做賣水果的生意。跑三戶人家當鐘點幫傭，再做完餐廳的工作，回到家都半夜十二點了，總覺得很對不起我的孩子。於是，我入手了一臺攤車。那時我才知道每個鄰里都有位置專門給攤車做生意。我四處找啊找，最後在某間婦產科醫院（後來宥拉就是在這裡出生的）前面開始賣水果。到晚上九點前得賣光所有的水果才行，但我每次連本錢都沒掙到。

別看我這樣，我這人其實怕生又害羞。去朋友家時，如果朋友父母問我吃飯了沒，還沒吃我也會說我吃過了。而且在陌生人面前，我也不敢抬起頭看對方。「幾個多少錢」這種話我根本說不出口。我個性扭捏，不敢主動招呼陌生人；有人拿水果起來看，我也不好意思推薦人家買，更不敢誇大其辭拉攏生意；若有認識的人經過，我甚至會躲在攤車後面。

水果沒賣掉就拿回家餵孩子吃，我也一起吃，錢沒賺到體重卻增加，我想不能再這樣下去了，索性收掉不做。

三十三歲
賣麥芽糖

大學學測快到了。朋友建議我可以賣賣看麥芽糖，我便到處打聽，租了攤車和麥芽糖。我看中的位置在慶文高中前，但那段上坡路十分陡峭，陡到我無法獨力把攤車拉上去。真的是折騰了老半天，好不容易才就定位的。麥芽糖呢？沒賣出去半個。學生都從家裡自己帶來了。什麼鬼糯米糕也都吃完才來考試的……以我現在的膽量，肯定會喊：「要考試了，來買一個添好運[1]吧！」但那時我不敢大聲攬客，只是呆呆地站著，誰肯跟我買啊。我把麥芽糖拿去退了，怎麼退的已經想不起來了。唉唷，一個麥芽糖都沒賣掉就走下來的那股羞恥感，實在無法用言語描述。正常來說，我應該要賣掉那些麥芽糖再回家的，但我的嘴巴像被釘子釘死般，怎樣都打不開。比起使勁把攤車推上去的時候，沒賣掉半個就離開的心情真的是……真的是……好悲慘啊！

譯註 1：因為麥芽和糕類有黏性，韓國人希望自己能夠像它們一樣「黏」上榜單，故在重大考試前會買麥芽糖或糕類來吃。

三十四歲
賣花

我決定在顯忠日[2]去國立公園賣花。我認識某個大姊說
她丈夫願意批花,於是我們倆決定去賣賣看。

「來買花哦,來買花哦!」

應該在公園裡四處走動叫賣的,但朴末禮我又說不出半
句話來了。

跟我一起去的大姊有些不安,問她丈夫如果這些花沒賣
完的話會怎樣。幸好她丈夫說可以退,只是要扣一筆高
額的手續費。

不過,起碼那天我們賣出了一朵。一對夫妻走過來說今
天還沒買到花,便向我要了一朵。那時候一朵菊花是
一百五十圜嗎?我們也帶了康乃馨去賣,但那個一朵都
沒賣出去。總之,就只賣了一朵菊花。

不對,那不是我賣掉的,是那對夫妻跟我買的。

譯註2:每年6月6日顯忠日,是大韓民國悼念戰死者的國定紀念日。

三十五歲
賣年糕

有人說商店街空出了賣年糕的小攤位，建議我去賣年糕。現在回想起來，我身邊真的有好多好人，每個人都想幫我一把。

建議我去賣年糕的人，當時是新村金庫的理事長，而我曾去他們家做過幫傭。或許是他看好我的表現，即使我不做鐘點幫傭了，他仍承諾會幫我找工作。然後，他便建議我去他經營的商店街賣糕，而且不收我租金。實際上，他的目的似乎是要拯救凋零垂危的商店街。

那又怎樣？我滿懷感激地趕緊應好，不過卻有個問題。其他產品賣不掉都能退，但是年糕不行！自古以來，年糕就是得全部賣掉才行。然而，一天賣最好頂多是五份，平常是一兩份，有時候連一份都賣不出去。唉。

最後賣剩的年糕當然是拿回家餵孩子囉。前幾次孩子們都吃得很開心，後來就開始鬧脾氣不肯吃了。老二向我

抱怨為什麼總是買年糕回來，要我改買別樣。我氣得說沒有別樣能買，不吃就拉倒。賣年糕既不能退貨，商店街又沒人光顧，孩子們也不吃，所以無法做得長久。

我大概不是做生意的料子吧……於是我計畫再回去做鐘點幫傭。

三十七歲
開餐館

這次朋友打電話來，問我要不要經營餐館。她說她堂弟頂了一間店，但那傢伙根本不會做菜，一點也不可靠，所以想找我一起試試。

我的好廚藝是有口皆碑的，雖然對做菜有信心，問題是我沒錢投資這塊。店面押金的部分我得分攤兩百萬圜，但我戶頭裡只有一百萬。幸好朋友說她要替我出那一百萬，才得以開始。後來我一存到錢，便立刻把錢還給她了。

餐館位在汝矣島，大概就像是美食街那樣。廚房是開放式的，客人用餐的地方一覽無遺。廚房前面有張長桌，和三十二張藍色塑膠椅。

我們店名叫「光州餐館」。旁邊有家「○○餐館」，在那裡做生意做很久了，所以常客很多，是一群經驗老到的生意人。入冬後，如果○○餐館的煤塊用完了，總會來我們店拿走煤塊。

他們很忙，生意又好，那麼做也是情有可原。

某天我們煤塊的火熄了，去跟他們借煤塊時，對方卻惡狠狠地說不借。我問她為什麼不肯借，她竟然說我們店生意不好，沒煤塊用也無所謂。這番話被隔壁「△△茶館」的大嬸聽到了，便跑來替我說話。「哪有人這樣的！光州餐館初來乍到，生意不好的話，旁邊的店家更該幫忙才是！」我撐著下巴坐在我們沒半個客人的桌上，靜靜地思考。

「啊……原來生意是要那樣做的。假如來了一個不拘小節的木工客人，我就要豪邁地招呼；如果來的是斯文的大叔，我便要文雅地對待……我不想被當成矯情的生意人，不願死皮賴臉地去做，但生意不是這樣做的。往後○○餐館的大嬸再說那種話，我要能夠流利應對才行。」

○○餐館只要我們的客人去他們那邊，就會肆無忌憚地歡天喜地；要是他們的客人碰巧來我們餐館，便會鬧個沒完。某天我跟○○餐館槓上了。

「喂！我有去你們店裡把正在吃飯的客人拉過來嗎？我不想被人家說我是死要錢的，之前我一概忍氣吞聲。事

實是，客人吃不慣你們的食物就來我家吃，吃不慣我們的食物就去你們店！我不會再受你們欺負了！」

這次我終於回擊了。我學○○餐館那樣把該說的話都說一說，對方便不再來找我們餐館的麻煩了。那天之後，好像是過了一個禮拜吧。○○餐館的大嬸把我叫到後面去。

「喂，光州餐館。我買了生魷魚，把魷魚卵拿來煮成大醬湯了，待會兒一起吃午飯吧。」

於是，我從店裡的飯桶盛了一碗飯過去。○○餐館的大嬸邊舀湯邊對我說：

「哎，之前你們都沒客人，我才那樣說的。事後想想，是我不對。你們沒客人，我應該要多多幫忙才是。對不起啊。」

我不是個會記仇的人。她道歉以後，我們從此相處愉快。畢竟在那之前，我對做生意一無所知，只會做菜，所以沒人把我放在眼裡。看著隔壁的○○餐館，我明白了很多事情。

「要做生意就得學會狠。」

那時真真切切地領悟到這點。

四十一歲
詐欺

一起打拚的朋友離開後，我獨力經營光州餐館，漸漸穩定了下來。有天，某個同鄉的親戚突然跑來我的餐館。在此不提他的名字，稱他為「痞人」吧。

那個痞人聽說我在這裡開店做生意，趁著去汝矣島六三大廈觀光，順道來看看我。我回想做姑娘的時候，大家都嫌他個性差，沒人肯跟他玩。不過痞人很有錢，跟我同樣在汝矣島商店街做生意的女人就跟痞人借了錢。

某天，那女的說：「末禮姊，之後痞人來的話，你幫我蓋一下按日還款的印章。」她說自己每天已經要蓋三個還款印章了，被店裡的客人看到很沒面子，所以拜託我幫她蓋一個。痞人不作聲地聽完這番話，當場跟我說：「啊，那個小姐想跟我借五百萬。既然要蓋章，末禮姊就順便作保人吧。」

於是我問那女的：

「小姐，你借這麼多錢要幹嘛？」

她連忙說：

「末禮姊，我每天都在按時還款，這樣很快就能還清了。」

最後我答應替她作保。

當年作保不像現在要去銀行簽什麼文件，單憑一句「我作保」便成立了。痟人火速前往銀行，二十分鐘內就拿了五百萬圓來。他忽然把那筆錢塞給我，我問他這是為何，應該給那個急需用錢的小姐吧。痟人回：

「我是看你的面子借的，所以由你來數。」

我把錢數完以後，交給那個小姐。

那女的持續一兩個月都有還痟人利息。痟人那混蛋不親自來收，老是要我去跟那女的拿。「你應該自己去，幹嘛叫我去？」但痟人總推託那筆錢是基於對我的信任才借出的，因此要我去收。

不過，那女的消失了。店門緊閉，徹底人間蒸發了。痟人不打算去找那女的，反倒開始來我店裡，對我糾纏不休。我的人生怎麼會搞成這樣？本以為總算熬出頭了，一切都穩定了，怎麼又遇到這種事？此時我才知道，口

頭作保是這麼恐怖的事。我這輩子受到很多人的幫助，
想藉由扶持他人來回報，卻落得這樣的下場。

瘠人為了討利息，一天來好幾次。他緊迫盯人，害我生
意都快做不下去了。他不知道有多喪心病狂，利息也高
得要命。一講到他，我便氣到心跳加速，說不出話來。
這傢伙有夠惡質，不肯分次收本金。他天天來收利息，
要我一口氣還清本金五百萬圜。這個夭壽骨，就是想收
利息！我一毛錢都沒花卻要還那五百萬已經夠委屈了，
氣到快死了，竟然還要還利息？即使我想咬緊牙關慢慢
還掉本金，他也不收。這個膨肚短命的，根本是想收我
一輩子的利息。

我看情況不妙，把光州餐館頂讓給別人，強迫那傢伙收
下四百萬圜，留了一百萬下來。

四十三歲
假如舉頭三尺有神明

我用一百萬圜在奉天洞開了間啤酒屋。病人又開始天天找上門。我口頭幫人家作保五百萬,卻還了將近五千萬。他收的是十分利。我賺來的錢全拿去還他以及繳孩子們的學費,連自己最愛的甜柿都捨不得買來吃。

營業期間,病人跑來坐在啤酒屋裡。我賣一杯啤酒,他就拿走那杯的錢,賣兩杯酒就拿走兩杯的錢⋯⋯給那傢伙的錢我都有記下來,加一加將近五千萬。他害我日子難過,壓力太大,視力變得很差。病人是連自己大嫂都放高利貸的人,用這種手段扒走大家的錢。不管是家人或老鄉,他都欺負。

某天,我在路邊買了一個兩萬圜的老花眼鏡。病人那天又來了,但我要給他的利息錢缺了一萬塊。病人沉默了一下,問我那副老花眼鏡看得清不清楚,我便說:

「嗯,那是我在路邊花兩萬塊買的。都是因為你這個傢

伙，我的視力變差才買了這個。」

我現在還記得那副眼鏡是金黃色。

「末禮姊，剛才利息缺了一萬塊吧？那就拿這副眼鏡來抵。」

說完便把我的眼鏡拿走了。

真的是……小偷……歹人……你不能平凡地死掉……不能生病死掉，就算趕著去死也最好是當場暴斃。聽說跟他借錢以後，一輩子都在還利息的那個大嫂也對他恨之入骨，和我一樣詛咒他最好當場暴斃。那時我去廟裡拜拜，不是求菩薩保佑我家孩子平安，而是求如果真有菩薩存在，請了卻我的心願吧。我前前後後還了那傢伙將近五千萬，那天不過缺了一萬塊，他就把我的眼鏡拿走了……假如舉頭三尺有神明，請讓他當場暴斃吧……夭壽喔，我竟然這樣求神。

不用再看到顧人怨的病人，是託奉天洞巡警的福。某天，來過我啤酒屋的巡警看到我被勒索，便問我怎麼回事。我把我的遭遇告訴他，他說那筆錢不需要還。「哪有人借出五百萬，卻要人家還五千萬的道理！」那名巡

警出面幫我說話。

痷人看到警察也不怕，發神經地說：「喲，你是她契兄嗎？」

巡警似乎知道這傢伙不是能好好溝通的人，便說自己現在就給他一百萬圓，要他別再來欺負我了。那名巡警真的當場就拿了一百萬過來，痷人還不知羞恥地討了那一百萬圓的利息。真是個大混帳。那天以後，我將啤酒屋賺來的錢無息地還給巡警，清償了所有的債務。

算了算，我每個月給利息七十萬，大約給了五年。光是利息就付了四千兩百萬。加上我一毛都沒花到的五百萬本金，總共是四千七百萬圓。

過了約莫兩年，故鄉友人來了電話。

「末禮，你的心願達成了。聽說痷人死了，從工地二樓掉下來摔死的。跟他一起跌落的人沒死，就痷人當場死亡。」

四十五歲
詐騙二

「熟人更會糟蹋自己人」便是在說這種情況吧。

先前被同鄉的病人敲詐了一大筆錢，這次換被遠親騙了。他說去日本一個月能賺四百萬圜。

當年開餐飲店哪有辦法賺四百萬。我自己一個人生活還過得去，但要養我那三個孩子，開啤酒屋賺的錢根本不夠用。那個騙我的親戚就化名叫「哲秀」吧。哲秀一直引誘我，說日本那邊會免費供吃供住，我只要專心工作即可。

考慮了好一陣子，我頂讓奉天洞的店面，給了哲秀三百萬圜。他說那是他訂機票和介紹工作的代辦費用。他跟別人都收五百萬，但自家人只收三百萬。大阿姨的女兒也上了他的當，先付了一百萬。我真是蠢死了，要給怎麼就一次全給了呢？

總之，當時只要搭上飛機便成了，日期訂在九月三日。

出國前，我把棉被、醬缸等寶貝交給大兒子和媳婦保管，還話別了一番。「我去日本賺到錢就會寄回家，你們要好好保重。」

么女秀英也託付給結婚的大兒子照顧，從他們家去上學。出發當天，我明明記得是早上九點的飛機，但時間到了電話沒響，BBcall 也沒訊息……我趕緊打電話去問聰明的姪女。

「問你喔……哲秀說要送我去日本，但他為什麼不接我電話？」

姪女試著打電話去那個親戚家打聽，說末禮姑姑在找他。聽到我的事，那個阿姨家嚇得雞飛狗跳。夭壽喔，那個兔崽子是騙子！「他怎麼會跑去騙末禮？就算要坑自己人，怎麼偏偏去坑那個可憐的末禮……」

我不敢置信。姪女甚至打電話到機場確認，九點並沒有前往日本的班機。我沒想過會被親戚騙，完全沒有起疑。那天，大阿姨的女兒和我去哲秀家一趟。哲秀早就落跑了，那房子成了賭徒的遊藝場。哲秀的媽媽和兒子好像都在那裡賭博。我記得哲秀的兒子缺了一條腿。他沒半點愧疚的神色，眉開眼笑地在打花牌。跟我一起去的大

阿姨女兒順勢打了幾局花牌，當場撈回一百萬。我不會打花牌，也沒賭博的膽量，呆呆看了半晌就走出來了。我被親戚騙走三百萬固然可憐，那天我卻不能埋怨任何人。

那晚我本來想去姊姊家，但姊夫似乎不太歡迎我，便改去姪女家。那是我大姊的大女兒。

「我能不能跟著你做工？我沒房子住，又不能去我兒子和媳婦那邊……」

我沒勇氣跟孩子們說媽媽被騙了。想到我沒房子又無處可去，不禁悲從中來……眼淚大把大把地掉。

我怎麼會淪落至此啊？

我認真過活，我不過是想認真過活，為什麼卻老是發生這種事？

大女婿晚上回到家裡，我躺在房間角落，假裝睡著了。

我睜著眼睛躲在棉被裡罵自己丟臉死了，給人家添麻煩。大女婿問姪女：

「末禮阿姨怎麼會來我們家？」

姪女回：「阿姨說要跟著我做工。」

接著大女婿這麼說：「善待末禮阿姨。在人家有錢的時候對她好是沒用的。阿姨沒做過工地的工作，你要好好教她，別讓她做太難的事。」

我聽了這番話，眼淚又撲簌簌地落下。於是，我跟著姪女在工地打了一個禮拜的零工。

過沒多久，故鄉友人給我來了電話。大概是我又被騙的消息傳遍庄頭了吧。難得跟朋友痛快地罵了老公一頓。提到那混帳是不是搞外遇了，又是一番咒罵。聊著聊著，朋友卻哭了。她說：

「末禮你是個連大便都捨不得丟的勤儉人，怎麼會⋯⋯怎麼會⋯⋯」

四十六歲
姊妹餐館
開幕誌慶

我在龍仁蒲谷國中前面開了一間小小的簡餐店。雖然騙我錢的歹人很多，但幫助我的人也實在不少。在好友池先生的協助下，我以店面傳貰租金[3]一千萬圜外加五分利簽約，另加條件是餐館登記在池先生名下。我把這當作是最後一條活路，死命工作，力求美味又便宜。

從清晨到深夜，就算一個客人只點一瓶燒酒坐到晚上十二點，我也會等到最後，不趕客人。我將雞蛋捲煎得厚厚的，列為基本小菜，結果大受歡迎。儘管店面小得要死，卻有種好運滾滾來的感覺。

只是我的經濟狀況依舊拮据。我沒有房子，一直過著在倉庫鋪紙箱睡覺的生活。某天，我打烊以後卻沒回家的事被房東太太發現了。要是被攆出去，我就完了。意外的是，房東太太聽完我的苦衷，說她家有張沒在用的木

譯註3：傳貰租金：韓國一種租約制度，在合約年限內只要繳一筆高額保證金就不須額外多付月租金給房東，期滿不續租時可原額領回保證金。

床，不妨給我用。每晚睡覺時，我都以為自己會被水泥地竄出的寒氣冷死呢……幸虧她解救了我。後來我到龍仁鬧區買了一張電熱毯，鋪在床上睡覺。我真的好感謝房東太太，一輩子忘不了她的恩情（現在睡在溫暖的房間裡，我仍會想起那位房東太太）。

餐館生意日益興隆，某天房東太太找我過去。

「店面租約上簽的不是你的名字耶？你為什麼用別人的名字簽約？」

「大嬸，其實我是跟人家借錢承租店面的，所以才用他的名字簽約。」

我也坦承正在繳五分利還款的事。房東太太看著我說，別人從外地來做生意，往往承受不住排外的壓力，撐不了太久就走了，但我卻經營得有聲有色，並問我能不能繼續撐下去。

我說我不在乎什麼排外的壓力，我還有小孩要養，不願再受人欺騙，只想腳踏實地做生意。

話聲一落，房東太太竟然說她可以算我二分利！隔天，我買了一盒蘋果去池先生家拜訪。

「還錢日到了嗎？」

「不是啦。房東太太看我很努力，說可算我二分利。」

結果池先生也要我還他二分利就好。哎呀，我還是把那

一盒蘋果和利息，以及房東太太借的一千萬圓還給他，
清償債務。

在那之後，我開始付利息給房東太太。

某天，大兒子帶他公司社長一起來店裡吃飯。正巧愛寶
樂園的員工也在店裡用餐，誇我們的餐點好吃，還說如
果能送進園區，生意肯定會更好。

「我不會外送，該怎麼辦？」

聽到我這麼說，兒子公司的社長鄭先生便過來問我。

「讓我在這裡工作，怎麼樣？」

他就快退休了，預計和妻子開餐館，說想先見習一下。
他可以用他的車外送，要我讓他在這裡邊做邊學。月薪
談定是當時的一百萬圓，不過他有個條件。他怕這把年
紀說自己在餐館打工外送，會被客人瞧不起，要我跟他
假裝是夫妻。「若你兒女來店裡，別跟我說話就好了，
這樣你也能賺錢，沒有壞處嘛。」

啊！我必須趕緊賺錢拉拔孩子，好像得做外送才行……
為此，我和社長的夫人談過，也跟孩子們說了這件事。
在開始合作之前，我拿鄭先生的八字去始興算命。

「我想跟這個人一起做生意，幫我看看財運合不合。」

那些切身之痛嚇得我不惜大老遠跑去那裡算命。

因為不能再搞砸了。算命仙說鄭先生不是會誆騙我的

人，做生意應該會很順利，推薦我跟他合作。加上兒子也說那位社長人不錯，所以感覺可以相信他。

於是，我和鄭先生開始合作了。阿娘喂，外送訂單一天比一天多。鄭先生賣掉他的高級轎車，我則去買一臺廂型車給他開。某天，鄭先生酒後開著廂型車出去，撞到了電線桿。接到消息的瞬間，我滿肚子火，但又怕他出什麼狀況，便把他叫回店裡，要他別再外送了。我在他面前丟掉所有打包好的外送便當，說我無法派他去外送了。放完狠話以後，我跟鄭先生坐下來談。

「大叔！拜託清醒一點。我們這把年紀還能去哪裡找工作？這是我最後的機會，我的人生全賭在這間店。」

鄭先生考慮了十分鐘，向我保證他會戒酒。從此以後，他十年滴酒不沾。看來他本人也是痛定思痛了。我答應他如果戒酒成功，我就替他出錢買菸，但我沒想到他抽得這麼凶。一天要抽掉兩盒菸！哈哈。

鄭先生是我最棒的生意夥伴。雖然兩人連盛碗飯該盛什麼形狀都會吵架，不過我們倆都是拚了命地討生活。真正跟我一起認真做事的人，就只有鄭先生一個。

我們真正是很認真在討生活啊！（現在如果我要醃泡菜、種地瓜或是有其他事要做，鄭先生也會過來幫忙）。

在那之後

靠大醬湯、雞蛋捲賺的錢，加上向銀行借的一點貸款，我蓋了一棟房子開生菜包飯店。一整年除了休一次大節日以外，從不休息，拚命做生意。做到後來，我的肋骨歪了，膝蓋十字韌帶也受傷了。動完手術應該要休養幾天，我卻又馬上跑去醃泡菜、拌配菜、煮飯，導致那些地方無法正常痊癒。

年過七十以後，我也不奢望那些身體病痛能好轉，就馬馬虎虎地活到死掉吧。我的確是放棄了沒錯。從某一刻起，我放棄了我的人生。只想著好好維持現在的餐廳，交給我女兒繼承，死的時候別給孩子們添麻煩就好。

圖解
末禮人生的主要事件

10
〜
19
歲

十八歲時，我和二姐朴英珠。如今高齡八十六歲的姊姊已經不認得我這個妹妹了。

20
〜
29
歲

結婚照片。二十歲時，我和仁愛介紹的鍾根結婚。那個死丫頭。

仁愛啊，你在天上好好等著。你知道你害我吃了多少苦嗎？你在天上可要保佑我。多謝。

大兒子和我。二十一歲生下第一個孩子。這時候他長得非常俊俏，結果國中二年級開始走樣啦！

30
～
39
歲

二十七歲生了老二，三十歲生了老三。那時候活得可真拚啊。大兒子在三歲時交給婆婆照顧，我出去外面賺錢，直到他讀國小二年級才有辦法接回來自己養。

二兒子和我。他想打棒球，把我的錢全拿去花光了。話還說得很好聽「媽，等我成了棒球選手，我就送你去搭飛機。」別說是飛機了，連用推車都不肯載我。反倒是宥拉帶我去搭飛機了。

么女秀英和我。接下我的生菜包飯店經營，連家族旅行都不能一起去，是我最傷心的事。因為我不希望女兒和我一樣吃這麼多苦頭。

三十五歲時。我這輩子是一段悲慘的人生，已宣告沒救的人生，不願想起的人生。就算老了，我也喜歡現在。很幸福。

三十七歲在汝矣島和朋友合夥開了「光州餐館」。那時明白了「要做生意就得學會狠」。

40 ～ 49 歲

四十三歲的我。

四十六歲在龍仁開了簡餐店，店名叫「姊妹餐館」。我在這個位置蓋了一棟房子，一直工作到退休。

50 ～ 59 歲

從十幾歲就認識的故鄉好友愛順和我。我們用互助會存的錢去濟州島旅行時，一起在油菜花田拍的。這麼好的時光還會再有嗎？

中場休息

總歸一句，我就是不想活得像阿嬤那樣。

這七十年來，阿嬤為了我爸、為了丈夫、為了子女，
拚命工作到腰都挺不直了。

「朴末禮女士，你得失智症的機率偏高哦。」
最後落得要聽這種話的人生太悲慘了。

阿嬤在醫院拿到失智症高危險群診斷的那天，
我才二十七歲，不得不承認人生真的好不公平。

我決定和阿嬤飛往澳洲，並辭掉我原本的工作。

你問我為何非得辭職去做這件事？首先，公司這種地方不會因為請假事由寫「帶阿嬤去旅行盡孝道」，便爽快地讓我請假出國。和公司代表一對一面談時，即使我邊擠眼淚邊解釋為何我必須現在馬上帶阿嬤去旅行，最後也只能接受「宥拉你真不懂事」的眼神。

現在回想起來，那時我的腦子徹底被某個想法佔據了。

我可憐的阿嬤，
我不能讓她就這樣結束一生。

宥拉

下半場

人生，
現在才開始

1
這一切的
開端，
澳洲 凱恩斯

#第一次和阿嬤出國旅行 #夏季聖誕節 #海底漫步
#坎勾路 #朴末禮阿嬤的角色誕生

末禮

「阿嬤，那裡是夏天。」
「夏天？騙肖欸。」

韓國冷得要死，卻要我帶夏天的衣服？
我活到七十歲，以為每個國家的季節都是一樣的。
這個臭丫頭竟敢耍我！
我哼了一聲，繼續收拾冬天的衣服。
不過仔細一看，宥拉真的在準備夏天的衣服。
我默默地看著，偷塞了一套夏季衣物到行李箱。

「你說我們要去的地方叫什麼？」
「凱恩斯。」
「凱恩蘇？」
「凱恩斯！」
「凱翁蘇？」
「凱‧恩‧斯！」
「凱喔租？」

宥拉

這趟旅行出發前，我翻遍網路尋找各種預防失智的方法。根據網路上看到的建議，我在阿嬤的手機安裝應用程式，開啟打地鼠遊戲，對遊戲沒興趣的阿嬤勉為其難地玩了起來。她要抓地鼠，卻老是點到不相干的地方，總是在第一關就出局了。

大概是力不從心讓阿嬤覺得丟臉，她常嚷嚷著不玩了，卻又不斷說「我還要再玩一次」，展現出挑戰的意志。艱困歲月打造出天不怕地不怕的朴末禮，遇到失智症也是會怕的。

阿嬤說她要認真挑戰看看。

可是，為什麼阿嬤的表情這麼悲傷？

對阿嬤來說，玩打地鼠遊戲似乎壓力更大。

這樣不行。換個別的方法吧。

我翻閱了有關失智症的論文，也加入了失智症病患的論壇。過程中發現了一句話，深深烙印在我腦海裡。

失智症是喪失意義的疾病。

當自己判斷自己的存在不再具有意義，腦細胞便會慢慢減少，逐漸喪失記憶。雖然不準確，但大略是這樣的內容。

換句話說，這是一種心理疾病。當我認定自己沒有存在於世上的價值，憂鬱和苦難便會侵蝕我，導致腦細胞接二連三地受損。

沒錯，現在不是打無辜田鼠的時候。

阿嬤為什麼要活下去？

為什麼必須存在？

應該要做什麼？

幫助她找回人生的意義吧！

無論是放空腦袋哈哈大笑，或是每天為客人準備飯菜，都要讓她感受到這個世界有活下去的價值。

說到底，所謂的人生，就是天天尋找自我存在的意義。

當你認為那個意義已經消耗殆盡，即使眼睛還睜著，也

跟人生結束沒什麼兩樣了。

好，去旅行吧。
真正自由無拘束的旅行。

旅遊地點決定是澳洲凱恩斯。在澳洲旅遊局工作的友人
極力推薦，說那裡有很多我能和阿嬤一起體驗的活動。
我寫了離職單給公司。為了拿到休假，我甚至一把鼻涕
一把淚地演出一場好戲，可惜效果不佳。

那就沒辦法囉。不重視我家人的公司，我也不稀罕。

阿嬤說我瘋了。「又不是親生老母，天底下哪有孫女怕
阿嬤生病就辭掉工作的？」
無路可退了。
既然都辭職了，那就來打包行李吧！

末禮

雖然我在互助會參加過很多次旅行，但自由行倒是第一次。到了機場以後，怎麼覺得和我以前來過的機場不太一樣。以前我們都聽鄭部長的指揮，乖乖坐在同一區。

有人要去廁所的話，也是大家手牽手一起去的。

不過和宥拉兩個人來……阿娘喂呀，嚇死我了。

原來機場這麼大喔？這是什麼情況啊？

我喝了咖啡，想去廁所就去。

原來這就是自由行啊！

宥拉

抵達澳洲的第一天，我們前往庫蘭達村，那裡可以搭乘
熱帶雨林纜車和體驗原住民文化。不過，很快我就碰上
了難關。在纜車裡幫阿嬤拍照時……
這，哪裡像澳洲啊？
就算說這裡是韓國雪嶽山，人家也會信吧？
問題大概就出在阿嬤那身像登山裝的衣服！我叫阿嬤
換別件穿。
「我就只有這種款。這個最舒服。」
我把相機一伸！給阿嬤看看照片，然後問：
「阿嬤你看，這裡是澳洲還是雪嶽山？」
阿嬤回答：「雪嶽山。」

到了庫蘭達村，正好有賣原住民裙裝的商店。我買了件
阿嬤的洋裝，讓阿嬤當場換上。阿嬤還不好意思地說，
這麼華麗的花色，又是無袖的洋裝，要我怎麼穿啦？

結果，換上那件洋裝一陣子後，阿嬤變了。

阿嬤明白了無論你穿了什麼，別人完全不會在意。

當阿嬤脫下登山服，換上花朵紋樣的洋裝，她的一顆心也彷彿換上了新裝，多了自信的感覺。在這四天裡，阿嬤都自己挑衣服購物，妝也試著畫得更濃。

「就算我穿這樣也沒人會看我耶！」

阿嬤樂不可支，甚至還穿著泳衣四處逛。凱恩斯是個位於海邊的村落，就算穿著泳衣到處跑、赤腳過馬路，也都是稀鬆平常。

但這些都是阿嬤第一次做的事，就算有些衝擊，也很有趣。

「下輩子我要在澳洲過生活。」

阿嬤深陷於澳洲的魅力。

末禮

人生第一次 _ 無袖

宥拉明明是跟我說去坐纜車。

我坐過幾次纜車啦！所以一下就知道了，啊，要去山裡啊！所以我跟往常一樣穿上登山服，結果宥拉在那邊靠么，問我為什麼穿登山服？

啊山不都全款嗎？澳洲纜車不也都是一樣往山裡去的嗎？所以要過山頭的話，穿登山服不就可以了嗎？我就照我的想法穿著那身衣服坐上纜車。

這麼長又高的纜車我還是第一次坐，真是令人目瞪口呆。就好像是來到山頂的感覺？

「宥拉你幫我拍個照啊！」

喀擦。

老實說，那張照片還真不像是去澳洲，就好像是去江原道束草玩的人一樣。

從纜車下來以後，宥拉說要買衣服送我。要是平常我

肯定會說：「不用了」，可是那張照片照起來真是不怎麼樣。

不然來逛逛吧！結果我一下看到一件黃色洋裝，那時我跟賣衣服的大嬸第一次用英文嘰哩呱啦的，她好像是說很適合我，很好看。以前跟互助會朋友去旅遊的時候，我從沒跟外國人扯過一句話，這次跟宥拉來，我也跟外國人做一下眼神交流，還打了招呼，真是神奇。

我買了大嬸推薦的黃色洋裝。因為沒有更衣的地方，所以跑到洗手間去換。因為是無袖洋裝，說實在一開始我感覺很不好意思，手臂都露了出來。手臂多少也要遮一點的，可是穿上那件洋裝整個露在外面，我覺得人家會盯著我看。

鼓起勇氣出去後，真的沒有一個人在意，也沒人盯著我看。那些人可能是沒有眼睛吧？穿上新買的衣服，也給人家看一下嘛？結果沒有一個人看我，只看他們自己要看的。總而言之，買了之後好像還不錯嘛！

照起相來也很上相，也很適合我，其他人也都說很有型，豎起大拇指！

before 阿嬤穿去的衣服

after 阿嬤新買的衣服

遇見 _ 坎勾路 _ 那天

我在庫蘭達村頭一次看到一種不知道是叫探格路還是坎勾路的動物。不過，走近一點看發現，牠的前腳短，後腳卡長，我看了是足嘸甘。

「你是腳斷掉才這樣喔？唉唷喂呀……」

看牠這麼可憐，我忍不住給牠多摸幾下。

旁邊剛好有一個韓國男人，我就說了一句：

「哎唷喂，這隻可能有受傷過……骨頭整個斷掉……」

「嗯？你說哪裡啊？」

「牠沒辦法用後腿走路，在那邊拖著走不是？怎麼辦諾……」

「阿婆，本來袋鼠就是這樣走的……」

我覺得很丟臉，什麼也講不出來了。之後我就一直躲著那個先生。

原來坎勾路的後腿比較長喔！
七十年以來第一次知道。

korea_grandma ⋯

♥ 💬 ✈ 🔖

korea_grandma 나는켕고리가다리가내개또갓튼줄아랐어
딋다리가더길더라너무나욱겼어켕고라너사랑해

「我以為袋鼠的四隻腳都一樣長，
原來牠的後腿比較長。太好笑了！我愛袋鼠！」

阿嬤居然以為袋鼠跟狗一樣，四隻腳都一樣長嗎？可能對阿嬤來說，袋鼠是一種存在於想像中的動物吧？說不定她覺得好像自己到了奇幻仙境。她一定不知道有澳洲這個國家，也不會知道有袋鼠這種動物。對阿嬤而言，好像所有東西都很神奇、很有趣，就像新生兒對世上所有事物感到新奇般。

「這裡的番茄生成這樣。」

「這是蘿蔔？那麼長一根都要刺到人了！」

即使我們在同一個地方，看的是同一件事物，阿嬤都能很細心地觀察，比如她知道果皮的顏色、蒂頭長什麼樣子。我覺得不重要的、從未仔細觀察的東西，阿嬤卻都記著。雖然我已經吃過數不清的義大利麵，阿嬤卻都能仔細地品嘗出差異，每回都能說出這個味道如何，那個味道又如何。

我以為年紀大了，世間萬物都會變得索然無味，但並非如此。也許指尖已經不再敏銳，但阿嬤的感覺神經卻是閃亮亮地發著光。她對所有事物都會給予回應，好似不願錯過任何一點。

我比阿嬤活的時間還要短，到底我憑什麼這麼理所當然呢？

為什麼好像自己什麼都懂一樣？

託阿嬤的福，我也再次感受到「第一次」所帶來的悸動。

只要我願意，任何時候都可以是第一次。

末禮

不知道是叫撕給一特還是撕凱一顆的，我也只聽說過，
其實從來沒吃過。在澳洲終於有了吃那了不起的牛排
的機會了，好期待！我看的電視劇裡主角都切過牛排，
所以一直很想切一次看看，我的心怦怦跳。

一塊很大、烤好的肉送上來了。
我把鼻子湊上前聞那香味。
不過……那臭青味、臭青味……
我還以為整個澳洲的臭青味都衝進我的鼻子來了。
這臭青味到底是什麼臭青味啊？阿娘喂呀，根本是要人
命的味道啊！
我問了旁邊的韓國籍員工。

「食物不合您的胃口嗎？」
「這味道是啥味道啊？」
「您說什麼味道？」
「有臭青味啊！」

宥拉又在旁邊補了一句。

「阿嬤，臭青味是什麼啦？」

「臭青味就是臭青味，不然還能是啥？」

宥拉

阿嬤，你說的是腥味吧？結果阿嬤說有腥味，把那塊有
名的牛排剩下來，我們又跑去韓式餐廳。阿嬤還跟那邊
的員工抱怨牛排有「臭青味」……
阿嬤的表情和「臭青味」那句話實在很好笑。

阿嬤在龍仁經營了很長時間的餐廳。在一間十坪不到的
店面，賣三千圜的大醬鍋，把三兄妹拉拔成人。我從小
學開始和阿嬤一起生活，其實在那之前跟阿嬤不怎麼
親。既沒有經常見面，就算去找阿嬤，她也忙於餐廳工
作，連打個招呼都很難。
「您把孫女養得這麼好，一定很欣慰吧！」
偶爾有人這麼對阿嬤說，她也只是說：「她喔，是自己
長大的。」她說她不記得有像別人一樣給孫女滿滿的
愛，所以很抱歉；每天忙著賺錢餬口，也沒有像別人一
樣慈祥地對孫女說：「我的寶貝，我的小狗狗」，孩子
卻自己長大成人，反而是送給她的一個禮物。

也許，是因為這樣吧？

也許因為如此，我們才能成為像朋友一般親密的關係。

有時我需要零用錢的時候，就在阿嬤的餐廳打工，阿嬤對我不像孫女，真的就像對工讀生一樣。

「卡認真ㄟ！」

多虧阿嬤的這種個性，我們好像更能變熟悉，成了一段特別的關係。

宥拉

凱恩斯有著世界最大的珊瑚礁海域。
大堡礁，這裡是非常受歡迎的潛水和浮潛聖地。

我們決定簡單地進行浮潛。其實以阿嬤的年紀，可能連
浮潛都有難度，不過阿嬤玩的時候都很有活力，所以我
就……

不過，發生大事了。

末禮

宥拉帶我到了海中央。
無邊無際,只看得到天空和海。
這款風景真正是我活到現在第一次看到。

之前看過的海,也不過是靠在山旁的莞島海邊,這種大
海還是頭一回!
可是這時候,她卻丟給我一個像是蛙鞋的東西,然後叫
我換上潛水服。宥拉這個丫頭說我好像海女,要我去抓
鮑魚回來。管他鮑魚還什麼的,我連游泳都不會,覺得
有點害怕。
那邊有人在教我們,說萬一出什麼事就把手往上揮,只
說了那句話,其他的我都沒聽進去,不知道是不是我太
怕死,只記得那句話。

其他人都戴上一副有接管子的泳鏡下海了。我也勇敢
地,不知道是不是膽太肥,真的很大膽地下去了。

其他人一個個地爬梯子下去，我身後有個男的突然
「砰！」地推了一下，我就「噗通！」掉進海裡了！

我就這樣漂走了。

什麼都沒做，就這樣漸漸離船越來越遠。

水一直往我的鼻子，往我的嘴裡進來。

「宥拉！宥拉！」

每喊一次，就吃進更多水，我越來越沒力氣，那些阿兜
仔還是沒看到我。

老天爺啊，救人喔！

全身的力氣已經快要用光了。

宥拉這丫頭到底跑哪裡去了！

明明直升機就在上面徘徊，等到我掉進海裡時都不知道
給我跑去哪了。

宥拉有在找我嗎？

全部人都穿上潛水服，戴上同款的眼鏡，可能她也很難
找到我。

跑來澳洲想要享福，結果卻要死在這裡了……

無意識中我的手卻拚命地往天空伸去，拚命地揮舞（所以說救生員是必要的）。

正當我喝了太多水，喘不過氣時，不知哪來的韓國男人環抱起我，拖著我走。

「阿嬤！你放輕鬆躺著！」
我沒聽清楚那時他說了什麼。
我得先活命，所以拚了命地掙扎。那些男人拖著我走的時候大概更費力了吧？總之，託他們的福，我命大活了下來。

一上來，我心想：「天哪！我活下來了！」同時心臟也撲通撲通地跳。我的頭又痛，又害怕，身體不停顫抖著。那時的衝擊感太大，還以為我的頭要壞掉了，好在把水吐出來後，感覺好了許多。
出來後一看，原來救起我的那些人是旅行社員工。
我真的一輩子不會忘記那些大叔。
真的謝謝你們，謝謝！

下水前……，難怪我有不好的預感！

宥拉

頭盔潛水，顧名思義就是戴上大頭盔，進到水裡去欣賞海底，可以盡情地呼吸，因此即使是怕水的人也能玩。這個活動能夠近距離看到 1,300 種的珍貴海洋生物在眼前！

我很想讓阿嬤看到這種景象。這是今天的重點行程，要是沒能欣賞到就太可惜了。啊！可是阿嬤因為之前的浮潛，已經厭惡海水了。

「我都已經預約了，不去嗎？真的不要去嗎？」

雖然我問了好幾遍，她都說不要，那也沒辦法了。想要開心才去玩的，不可以強迫，也不可以逞強，所以我說那就算了。雖然話這麼說，我的臉上大概清楚地寫著失望兩個字吧？

阿嬤想了一下子……她站了起來。

末禮

過了一下，宥拉這丫頭這回叫我戴上頭盔下水。

「阿嬤，跟你說戴這頭盔潛水很安全啦！」
「我不去！你這夭壽的丫頭，我會死！才不要去！」
「這個我都已經付完錢了耶！聽說真的很好玩！」
「我管你付錢不付錢，我說不去！」

聽到我們對話的導遊過來幫腔。
「阿姨，這裡不可怕，你抓我的手下來就可以了。」
「阿姨，你下來之後腳稍微抬一下下，跟著我過來，就可以看到非常多魚喔！」

他就這樣一直……給我拐……
我決定了。
「好啦，管他的，我死了的話保險就給你領啦！」

阿娘喂呀，要是沒下來還真的要後悔死了！

那個導遊先生說的是真的啊！

我這輩子第一次看到那麼大的魚！

呼吸真的很輕鬆，要照相也很簡單，好像海底就是我房
間一樣可以隨意走動。

天哪，天哪！世上真有這種事啊！

有這種海，有這種魚啊……

我真的是傻子！

丟魚餌下去，魚就全都過來了。太棒了！
要是沒下海真的會後悔死。

宥拉

上船後，脫掉頭盔的阿嬤好像第一次看見星星的小孩般，眼神閃爍著光芒。她說那裡真是新大陸，實在太好玩了！看見阿嬤這麼開心，我也覺得很幸福。
我們當家人這麼久了，卻是第一次看見阿嬤那種表情。

要是我像阿嬤一樣變成七十歲老人，
會願意再次進入那可怕的海底嗎？
不，我怕死，大約會呆坐在岸上吧？

所以朴末禮的人生逆轉，並非是我在旁邊推她一把。
她的人生逆轉，大約是從她雙腳再次跳進海裡的
那股阿嬤的勇氣開始的奇蹟。

2
宥拉，
你要
回公司上班嗎？

#YouTuber朴末禮的誕生 #去完牙醫再去菜市場的妝
#互助會的妝 #我有粉絲了

宥拉

在澳洲旅遊的期間，我錄了許多影片。把影片編輯的生動有趣後，我先放在我的 Facebook 上，然後和家人分享，結果影片的主角本人阿嬤卻沒有看到。因為她得先加入 Facebook 才看得到。

我思考著要如何才能不加入會員看影片，這才得知有個叫 YouTube 的網站，只要知道網址就可以看影片（在這之前我完全不知道 YouTube）。首先，我把影片上傳到 YouTube，然後把影片連結放到家庭群組。

家人的反應非常熱烈！

阿嬤本來就是很幽默的人，我們自己看得笑翻天。而我呢，說要去旅行，公司也辭了，正好在家裡整天看那些影片。天哪！我自己做的影片，怎麼這麼好笑啊？

我突然想，只有我們看實在太可惜了。想了一下，我把影片上傳到旅遊論壇「為旅遊瘋狂」，果然迴響熱烈。點閱率居然超過一百萬，排名在那年旅遊影片的前半段。

然後就沒了。旅遊和影片，瘋狂的點閱率和「讚」，結束了如同暴風般轟轟烈烈的時光，我們回歸到日常。

阿嬤回餐廳工作，我變成無業遊民。一早起床就可以感受到父母親不懷善意的目光。才休了一個星期，彷彿就讓我周圍的人們感到不安。

再去找工作吧！

可是轉頭一想，覺得很可笑。

我說要幫阿嬤預防痴呆才丟了辭呈，然後去了一趟旅行回來就去上班？

辭職對我而言，不是一件小的決定。就用一趟旅行來交換，未免太虧了吧？

「既然已經辭職了，那就再跟阿嬤多度過一些有趣的時光吧！」

我向在划獨木舟的友人商請，和阿嬤一起到漢江划船，也一起去吃越南米粉、義大利麵。阿嬤說這些都是她第一次吃。她以為那些東西只有電視劇裡才吃得到。

原來是這樣啊！那些料理對我而言都是吃膩了的。

既然這樣，阿嬤，不如我們現在開始去吃更多種料理吧？

我興高采烈地和阿嬤一起去嘗試各種東西，然後用影片記錄下來。拍下來的影片當然也放在 YouTube 上和家人一起分享，好讓阿嬤能夠輕鬆觀看。

我這個人無論做什麼，都得做出樣子，所以還特地另外做預覽剪影，然後配合脈絡，慢慢地累積。我還有聽過別人的建議，所以又在影片結束時放了請多訂閱的字眼。雖然，這裡只有我們親戚和我朋友會按訂閱。

訂閱數來到了十八名，我感受到一股快感。其實在那之前，我根本沒看過 YouTube，就更不用說會預想到 YouTube 能成為生意。我以為影片只有按追蹤的家人和朋友在看，壓根不知道 YouTube 是全世界人都可以看得到的開放平台（雖然這聽起來非常誇張，但當時的確是如此）。上傳的影片點閱率大約是三十到四十人次。

在 YouTube 裡按來按去後，我發現點閱率高的影片通常是美妝的影片。我阿嬤從很久以前就有化妝，家裡的

打從一開始我就認真製作預覽剪影，注重設計的一慣性。

化妝品甚至都能堆成山了⋯⋯要不，來拍一下？

啊！光想就覺得那場面一定很可愛，肯定會造成轟動的！

有一天，阿嬤說要去看牙醫，所以我就拍了她去牙醫的日常妝容上傳。

哇，我的天啊！

一早起來，點閱數居然超過一百萬（漲了一百倍），然後無論是Facebook私訊、電子信箱，簡直是大爆炸了！

我終於體會到韓文俗諺說：「電話燒起來」是什麼意思了。記者、許多MCN公司（多頻道聯播網，Multi-Channel Network）主動連繫我。我都不知道韓國有這麼多MCN公司！甚至還有國外公司也捎來聯繫，英國BBC、美國AP通訊也要求採訪。

那時，我才回過神來，重新思考關於YouTube。

我阿嬤，

原來在YouTube市場裡是一個很特別的定位！

末禮

宥拉在澳洲拿著一臺夭壽重的相機到處錄影片。

結果沒多久，她又拿著手機說帶了什麼影片來的？

按下去一看，是我耶？

可是她明明是用大臺相機拍的，影片怎麼就跑到我手機了哩？

到底這個世界是怎麼搞的？

我活過來的這個世界，到底變成什麼樣了？

不過這影片，越看還越有趣，跟電視一樣。

我有說過這句話嗎？天哪天哪！哈哈哈！

雖然我知道宥拉很聰明，可是不知道她這麼有才能。

要是睡覺的時候開影片在那邊，就會被我的大嗓門吵得睡不著，所以當我真的無聊的時候，就打開影片來看。

過了不久，宥拉大呼小叫的。

「阿嬤！太狂了！哇賽！」

「什麼？你說誰的頭太長了？」

「不是！我是說太狂了啦！」

不就是把影片放到網路上，為什麼就太狂了啊？

不是就我們家人在看嗎？

到底是誰看了影片這麼大驚小怪的？

宥拉跟我提議一起當 YouTuber。

「YouTuber 是什麼？」

「就是像現在這樣邊玩邊旅行就可以了。」

「那誰來給我們錢？」

「不知道……聽說 YouTube 會給我們。」

自己都搞不清楚了，到底要做什麼啊？

宥拉

這個 YouTube 頻道可以說是阿嬤的影音專輯，經過口耳相傳後，原先只有十八名的訂閱人數，兩天內變成了十八萬人。不過比起喜悅，我先感受到的是——害怕。這到底是怎麼回事呢？

YouTube 到底是什麼呢？我撥了通電話給以前就認識的 YouTuber「Hey Jini」姊姊詢問。姊姊跟我聊了聊 YouTube 市場，並且鼓勵我嘗試 YouTube 看看。

「宥拉，你一定會做得很好！你可以的！」

也許，這是上天給我的人生、給阿嬤人生的一個機會。老天爺懂我對阿嬤的一片心意！

其實，我根本沒什麼好考慮的，因為我是無業遊民啊！我和阿嬤商量一下。天哪，阿嬤卻說，世界上居然有這種事情？這可以當飯吃啊？

「是啊，宥拉！你要有頭路啦！不然還想當無業遊民多

久？」

我要拍影片的話，當然主角必須是阿嬤，所以我才跟阿嬤商量的。結果阿嬤本人卻講的好像是別人家的事一樣。因為她不認為這個頻道是她的。

「不是啦！阿嬤，是你跟我一起當 YouTuber ！」

「那是什麼？」

「就是像這樣在影片露臉。」

「像現在這樣你跟我一起玩就可以囉？」

「嗯！然後會有錢。」

「誰給我們錢？」

「不知道，反正有人會給我們。」

雖然我們兩個都搞不清楚，不過很興奮。跟我們提議要簽約的公司中甚至有 CJ。

「阿嬤你知道 CJ 吧？那邊說要跟我們簽約合作耶！」

「CJ？嘸災。」

「嗯……啊！你知道第一製糖嗎？賣糖的，還賣麵粉，很大一家的公司 CJ。」

「那個我知道。」

那時，阿嬤才點頭。其實在獲得阿嬤的同意後，我還是苦惱了許久。因為覺得大公司感覺就會把阿嬤當成商業的一環利用。我想我們兩個可能還是做一些簡單平凡的東西比較好。

不過，我還是決定主動回覆聯絡我的負責人，向他提出我們的條件。對方是大企業的話，也許可以向他們提議讓阿嬤去體驗各種活動。

首先，我先提出原則。我希望上傳的日期不要被固定，必須配合阿嬤的狀況，在阿嬤有心情玩的時候拍。此外，如果是廣告，因為我們頻道是建立在阿嬤的經驗為基礎上，因此必須有調整空間來配合阿嬤的狀況。另外，還包括不希望對影片內容有任何限制或強迫的內容。

總之一句，簽約的條件就是「不要管我們」。這對公司而言，會是一項很尷尬的要求。不知道他們是否評估我們頻道非常吸引人，居然接受了我的條件，達成協議（日後才得知，不僅是對我們頻道，因為公司本身就尊

重創作者，所以最後才能達成協議）。

對我們而言，我們也無法預知這波瀾萬丈的 YouTube 世界裡會發生什麼樣的事，覺得要是有專業的人們替我們架設護欄，在那裡面我們可以如同現在一般自由自在的話，沒有比這更好的了，因此和 CJ 完成簽約。

阿嬤一下子下定決心當 YouTuber 的其中一個理由，大概是想給我找一份工作吧？其實我也是。阿嬤高齡七十一歲，很快就要準備退休了。要是她能夠以影像創作者、YouTuber 這樣的新職稱展開新生活，我想也許我就能送出一份一直很想贈與她的禮物——以朴末禮這個人活下去的「生命之美」。

當然，我還有其他理由——這也是我覺得很有趣的工作。以前，我曾在廣播演藝系裡學演戲，但很快地就發現，我不是當藝人的料，早早就站在同學旁邊提起攝影機了。從那時起，我就自力鑽研，甚至參加了影像公開作品展，也和朋友一起製作短篇電影。我很喜歡製作有趣的事物和人們分享。

老實說，和公司簽完合約後，我的確感到有些負擔。阿嬤也說，她活到這個歲數自己已經沒什麼差了，可是她擔心她會給我帶來麻煩。每當她這麼說，我總是笑著回：

「不！我是託阿嬤的福才重新找到 YouTuber 這份工作的！要感謝你！」

然後我進到 YouTube 裡，再次確認了這頻道的簡介。
這個頻道之所以存在，只為了朴末禮的幸福。

七十一歲的朴末禮阿嬤，
現在重生為 YouTuber ！

●製作花絮●

「朴末禮的日常妝」

Makeup tutorial
박막례 데일리 메이크업 치과 들렀다 시장갈 때 ver.

#當你覺得腮紅太紅的時候要再多拍幾下
#綠色口紅只要擦下去就會變紅
#牙籤打火機是定型小幫手
#兒童和新手絕對不要模仿
#想要小臉就去投胎吧

(左) 為了來吃早餐的客人，四十二個年頭每天四點起床
(下) 因為我早上四點要出去

都用完了啦

(左) 阿嬤ㄏㄏㄏㄏㄏ 你現在不會 太白了嗎？
（下）這卡在鼻子這邊的吼

現在觀眾看起來覺得很紅對吧？

這時候我們要多刷幾下

不要覺得有壓力 輕鬆化喔 就這樣

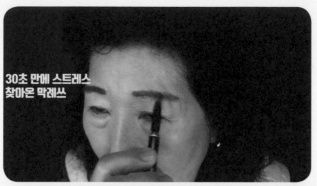

結果三十秒內就開始煩躁的末禮

口紅：不知名品牌的綠色口紅

睫毛定型：牙籤&打火機

적어 질라면 다시 태어나야 돼

想要真的變小就等下輩子吧

「今天要去看醫生，就不畫得太花枝招展了。等下人家說那個老阿嬤說牙痛，還在那邊化的什麼東西。所以我畫得很淡。」

• Commentary •

宥拉要我化妝，

我就和平常一樣化。

去看醫生如果妝化得太濃，我怕人家覺得我沒有痛，

所以只淡淡地化一點底妝，

要是去互助會的聚會，就再化濃一點。

不同的情況下我有不同的化法，

各種場合的化法不太一樣。

上次我不過化了平常去看牙醫的妝，結果聽說那個又很受

歡迎，超狂的？到底是什麼碗糕又很狂啊？

我才去看個牙醫張個嘴巴回家，這麼短時間聽說又發生大

事啦！

然後一直說什麼「太誇張了！超狂的！」

「這次又是什麼很狂啦？」

「阿嬤，我們要接廣告啦！」

• Commentary •

阿嬤的廣告，
康莊大道，就從這個影片開始。

3
抓什麼鳥
要特地
去日本抓？

#阿嬤的願望 #太陽撲通掉進海裡
#這樣不行重拍一次吧
#如果說青春是勇氣那阿嬤就是青春

宥拉

和 CJ 簽約後兩個月，二〇一七年六月，我們到日本鳥取縣去拍日本觀光廳的廣告。合約條件中寫明一個月內不拍兩個以上的廣告。不過，有例外。

去旅行的廣告一定接！

阿嬤非常喜歡旅行，卻因為沒錢、沒時間，這輩子都沒什麼去旅行過。就算別人批評我們太商業化，我仍先開放了「只要是旅遊廣告都接」的條款。
我覺得所有類型裡，最辛苦的就是國外拍攝了。
但無論行程再怎麼緊湊，阿嬤依然非常雀躍。

「不管什麼時候我都可以出發。我可以每天出去！」

看到阿嬤那麼開心，就算再多國外拍攝的影片，也要先 Go 了！

決定要做的同時，我也開始煩惱了。

去旅行當然很好，但我們現在是 YouTuber 啊！第一次去日本拍旅遊廣告，我們必須得拍得好，以後才有廣告找上門，阿嬤也才能繼續去旅行啊！

現在我不是單純看 YouTube 的使用者，而變成了 YouTuber，要我很有熱忱地去找其他影片來看，也看不下去。我對化妝既沒有特別感興趣，也不懂為什麼要看其他人吃東西的影片。我不明白為什麼訂閱者會喜歡這些東西，也不懂究竟 YouTuber 都是些什麼人？

旅遊影片也好不到哪去。我不能去，卻要看別人去玩，究竟有什麼好看呢？尤其現在幾乎很少人沒去過日本，還有誰會感到好奇呢？在滿坑滿谷的日本旅遊影片中，我們要如何拍得更「新鮮」呢？

突然間，一股極為沉重的負擔感壓在肩頭上。加上日本觀光廳所提出的行程實在太緊湊了。如果照行程全部走完，大概只夠照本宣讀旅遊資訊，那會有趣嗎？

那也得去啊，還能怎麼辦呢？

「小鳥？抓什麼鳥還要特地跑去日本抓？」
「阿嬤，不是啦！是鳥取！（搖頭）」
阿嬤從來沒有講一次就聽懂外國地名。

一抵達鳥取縣，我們就開始拍攝。我們要去的是「咭咭
咭的妖怪村」？阿嬤說妖怪聽起來有點可怕，跟在我
身後。搞了半天，原來不過就是有點像民俗村的主題樂
園嘛！
我們在妖怪像旁邊拍照，吃妖怪麵包，喝妖怪果汁。

啊……實在很無趣。

第一次來到日本，日本給我的印象真的真的很安靜。我
阿嬤是一個活蹦亂跳的角色，結果到了日本，彷彿連腳
步聲都得放輕。不知道是否因為鳥取縣是小城市，所到
的觀光景點都沒什麼人，一片靜謐。
阿嬤不是那種我來導，她來配合我演出的類型。即使她

在「咭咭咭的妖怪村」和妖怪們一起

勉強地說聲：「這裡真棒！」人們也看得出來是真是假，所以我只是默默地拍著阿嬤。

我們到了浴衣店，阿嬤買了一套浴衣穿。然後繼續跑完要去的觀光景點，就像闖關遊戲一樣。阿嬤在「觀音院庭園」悠悠自得地欣賞風景，啜飲了一杯茶。幸好阿嬤看起來還挺享受的。

「我還以為真的來抓鳥的，原來是地名叫做鳥取喔！」

阿嬤現在終於弄懂我們在哪裡了。

的確是一片安詳啦……

只要阿嬤開心就好了！

我們到湯屋吃懷石料理（日本宴會料理）時，阿嬤得到第二個領悟。

懷石料理中，飯是最晚上來的。
日本的料理是慢慢地、一點一點地送上來的啊！

我們也泡了舒服的溫泉，消除疲勞。雖然一切都非常安詳，我的腦海卻是一片亂糟糟。我看著拍攝的影片，一點都不有趣……。我躺在床上，卻怎麼也睡不著。
完蛋了！

我打電話給朋友抱怨，這些影片怎麼辦？實在是無聊到不可置信！這是我拍過的所有影片中最糟糕的！這樣的話，我們該不會要賠錢給人家吧？阿嬤那種好笑的感覺出不來！怎麼辦？

阿嬤在旁邊呼呼大睡，而我在旁邊抱頭苦思。
就算努力製造活潑的氣氛也做不出來，不然乾脆文靜一點，文靜一點……文靜一點？

文靜……日本……對了！那就是日本的感覺啊！
乾脆，拍得像文靜的日本電影一樣吧！
我熬夜重新調整場景順序。幾乎就像是電影腳本一樣
厲害！

然後天亮了。兩眼充滿紅色血絲的我，好像奮勇赴戰場
般揹上相機和腳架。那時要是有隨軍記者看見我的臉，
大概也會哭著跑走吧！

「阿孃起床！我們要去砂丘做瑜伽啊！」

一大清早，我們就前往鳥取砂丘做瑜伽。我認為這會是
一個能夠細細傳達出日本蘊含之感性的場景。幸好阿孃
也沒有做過，說她想嘗試。
我們在砂丘上眺望海洋，搖搖晃晃，碰！
笨重的身體跟不上腦袋的想像。原本這個時間阿孃都在
煮早餐，可現在阿孃正在享受她屬於自己的時間。

用過早餐後，阿孃看著窗外海邊好一陣子。她看著在海

這是阿嬤第一次
度過屬於自己的上午時光。

邊晨跑的人們，說了聲：「好羨慕那些人的膝蓋。」
「以前我也這樣跑，幾年前開始我的腿都變得跟螃蟹一
樣了。該死的！又想到以前，看了就有夠火！」

沒有人奪走呀！阿嬤的青春都跑去哪了呢？

但若說青春是一股勇氣，那阿嬤仍然是青春。阿嬤在砂
丘上勇敢地坐上沙板。
脫離日常後，每一個瞬間都成為挑戰。即使第一次嘗試
總沒有好結果，阿嬤喝了一口水，依然馬上挺身而起，
再次挑戰。她很酷地坐上沙板，從沙丘上滑了下來。

「這謀蝦米嘛！我第一次還有點害怕，結果根本就謀蝦
米嘛！」

哈哈哈！
帶著勇氣找回青春的阿嬤。

末禮，成功了！

末禮

我們走在日本沙地上，我熊熊想起了以前。
某一天我走在路上，有一個歐吉桑看著我，然後說：
「你走過沙地嗎？」
「沒有，為什麼這樣說？」
「你現在的心情大概就是走在沙地上的心情。」

那個歐吉桑說完那句話就走掉了。
我不懂那句話是什麼意思。
可是來了日本，人生第一次走在沙地上，我明白那是什
麼意思了。

不管怎麼走，都像走在原地的感覺。

那時，腦海裡馬上想起歐吉桑說過的話。
那時我的人生淒涼又吃力，
可歐吉桑又是怎麼知道的呢？

是啊……朴末禮，真的是走過了很可怕的沙地。

現在來旅遊的這片沙地，讓我想起那時的回憶。

人生真是似懂非懂啊！

宥拉

「天哪，足好！足好！」
一進到溫泉裡，阿嬤就哼起歌來。
結束沐浴齋戒後，阿嬤春風滿面的逛起商店街。
要吃點心也喊著：「我要吃現在年輕人愛吃的！」一句
日文也不會，卻比手畫腳地跟年輕人嘗試對話。若年輕
就是交流，那我阿嬤大概是剛出生的水準。

來到砂之美術館，那裡有一座可以許願的鐘。阿嬤看了
看鐘，暫時閉上眼許願。我不知道阿嬤許了什麼願望。
阿嬤在鐘底下站了一會，沒有馬上離開，又抬頭看了
鐘，再次請求道：
「你會實現我的願望嗎？我信啦？你要幫我喔！我真的
希望你實現！」
不知究竟是什麼願望，讓她那麼地懇切。

午後的天空漸漸地落幕。我們站在陽臺，看著太陽咻地
落進海中。我向太陽揮揮手想著，阿嬤想起逝去的青春

了嗎？為什麼她走回下榻處的背影如此落寞呢？難道
是我想太多？

「我走了整天突然想到，你和我沒有伴啊！」
阿嬤還怪說，都是因為我害她釣（？）不到男人。
「都是因為帶著這個夭壽的丫頭，真害喔！」
然後吃晚餐的時候也說：「人家都是情侶來，只有宥拉
自己一個人，真令人傷心。」
阿嬤，夠了，不要再點出這麼哀傷的事實！
藉口今天有點不開心，我們喝了杯啤酒解悶。
但是，阿嬤至少有過阿公啊！啊，我說錯了，不能在阿
嬤面前提起阿公，等下她又要發脾氣了。

「你那阿公把我好好的人生整叢拔起來弄壞了。他就
算現在悔改認錯喔……唉唷，那口灶死了也不會保佑
我……」
阿嬤描繪了許多沒有阿公的青春歲月。阿嬤說，她現在
要是年輕少女，想跟男朋友四處旅行。她要跟男朋友一
起到處玩，一起喝過酒，就算結了婚以後，也要繼續這
麼做。

我也這麼覺得。不過，現在我想和阿嬤一起去做。

在阿嬤的人生完全落幕前。

在完成要命的三天兩夜緊湊行程後，我真的累翻了。回韓國後又是編輯影片，又是找人替我配日文旁白，完成錄音。然而日本觀光廳似乎有點不知所措。一般旅遊影片通常歡樂、有趣，我們卻做得太像紀錄片，也許會覺得不妥當吧？幸好，網友的反應非常好。新聞也報導前往鳥取縣的旅客因為我們增加，日本觀光廳也表示非常滿意。

而我也第一次體會到身為 YouTuber 的滿足感。不過，若讓我再這樣拍一次，大約做不到了。阿嬤在盡情玩樂的時候，我一心一意只想著：「我一定要成功，這樣阿嬤才有機會再去旅行！」非常認真地拍攝。真的像拍電影一樣，時而從上面取景，有時躺在地上拍攝，有時邊跑邊拍，甚至坐上推車拉鏡頭……

日後，我會不會邊回想我當時的樣子，邊想著：「啊，那是青春啊」呢？

在多如沙粒般的日子中，我們留下印象深刻的三天兩夜，就這樣，我們的第二個旅行也畫下句點了。

·製作花絮·

「只會講阿里阿多的日本旅行 in 鳥取縣」

오메 좋은거

阿娘喂 真好

我阿嬤每天清晨四點就起床準備開店

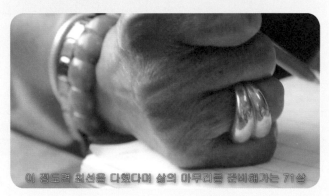

七十一歲，她說這樣已經盡全力了，然後準備人生最後一哩路。

我阿嬤每天清晨四點就起床準備開店。

七十一歲，她說這樣已經是盡全力了，然後慢慢準備人生
最後一哩路。

你也曾想像你的七十一歲嗎？

可能⋯⋯不願意想像吧？

但我們不需要害怕變老。

因為很可能像煎餅翻面一樣，翻出不一樣的世界。

末禮女士……會講的只有「阿里阿多」……。

我來找青春的。

日本人：這站是泊車站。

末禮女士說⋯⋯她會講的只有「阿里阿多」⋯⋯。

日本人：（熱情解說泊車站）

朴末禮：你問我來找什麼？我來找青春的。

出發！

為什麼沒有下去？

朴末禮：出發！（卡住）為什麼沒下去？我太重了嗎？（跟
宥拉說）你來推看看。

但是沒有想像中順利。

朴末禮：（喝了一口水）你過去，我再坐一次。

第二次挑戰！結果成功！末禮好樣的！

朴末禮：呀呼～我朴末禮成功了！在沙漠……沙漠……這
裡是沙漠對嗎？

久違的悸動，驕傲。

朴末禮：這謀蝦米嘛！一起坐多好玩，真的好玩！

• Commentary •

我在日本穿了一套不知道叫和服還是厚服的。

還吃了很貴的壽司，坐計程車跟坐自家車一樣不知道坐了幾趟⋯⋯

那時我體會到了，

天哪，當那什麼 YouTuber 真是做對了！

宥拉扛著相機、腳架，比去澳洲時的裝備還要多。

我也拿了一下，那些東西重到屎都要滾出來了！

不過好像也多虧宥拉這麼認真拍，才會有旅行廣告一直進來，所以我叫她更認真拍。

宥拉還要扛著裝備那些笨重的東西，

我只要出一張嘴，

還有什麼做不了的呢？

哇，這真的是好幸福的工作！

4

我
要嫁給
阿豆仔

#天哪天哪要瘋了 #只要見到我就說我可愛

#每天都在開趴踢

#宥拉你自己回家吧 #觀光渡輪

末禮

要說到坐船去玩，以前我去濟州島時坐過一次。

那時候船很大，我還以為大家都可以站在船上玩樂，結果說什麼會暈船，叫我們坐好在位子上。乖乖坐在那邊才更暈船哩！

所以宥拉跟我說要坐觀光渡輪時，我以為又是那種⋯⋯

阿娘喂呀！

這不是我看過的船！

這不是一座公寓大樓橫躺在那嗎？

宥拉說我們要坐船玩一個星期，我還擔心該不會要一直坐著玩一個禮拜，煩惱很久。

結果不是！

就算玩一個星期也逛不完整艘船，船不知道有多大呢！

坐個船還像坐飛機一樣，要檢查護照和行李才能上船。

船裡面有飯店。這些誰能想像得到？

去濟州島時，我只能坐在位子上打瞌睡。天哪！世上居然有這種船！我住的房間稍微好一點，房裡有洗手間、有電視、有化妝檯，還有冰箱。

外面還有陽臺，只要打開門，眼前就是大海。
在船上，根本感覺不到船在走還是停了下來。
因為船身實在太大，感受不到船在走的感覺！
告訴我朋友，他們也不相信。

走到最上層還有游泳池，大家都在開派對。
往地下走還有更大的泳池，還有健身房、餐廳、賭場、舞廳……，完全是另一個世界。坐上這艘船的人不知道是不是常參加這種旅遊，看起來很熟悉，我卻覺得很陌生，所以第一天只是目瞪口呆地看著。接下來我就瘋狂地玩。我跟阿豆仔一起開心地跳舞唱歌！當了YouTuber，還可以這樣參加這些東西！
現在我要認真當 YouTuber ！
我在這裡下定了決心。

中間我們繞去日本──以前和互助會朋友一起去過的福岡。但是，以前去的時候真的亂七八糟不像話，想到我就氣！繳的錢不多，結果都帶我們看一些不怎麼樣的東西！

這次坐渡輪去玩，感覺真是不一樣。既乾淨人又親切，建築物也很漂亮。還吃了那個一級藍拉麵還是一朗拉麵的。（是一蘭拉麵）

這是我第一次吃日本拉麵。

以前和互助會去的時候都沒吃到。只吃到乾巴巴、奇怪的飯！

所以我又下定決心了，我要一輩子做 YouTuber ！

漂浮在海中央玩樂的感覺真爽！

我居然能和外國人一起跳舞玩樂！

宥拉

「什麼？觀光渡輪嗎？」
這次是來自海洋水產部的邀請。渡輪不是夢與幻想的旅
行嗎？

這次的旅程是搭乘來自義大利的歌詩達渡輪，進行為期
一週的旅遊。歌詩達是世界三大渡輪公司之一。
我們所搭乘的船全名是歌詩達新浪漫號渡輪。
從釜山出發，行經福岡、舞鶴、金澤、海參崴，然後是
韓國束草，最後回到釜山。航程中抵達定點時，可以下
船自由觀光。遊客可以申請觀光行程，跟著導遊一起遊
玩，也可以自由行。我們在福岡、舞鶴、金澤自由行，
在海參崴則是申請導遊。

原先我預想觀光渡輪一定是天價，不過實際上比我想的
價格要合理多了。幾乎和去鄰近的東南亞旅遊，把住宿
和三餐的餐費加起來相差不多。

不過渡輪不需要移動，就能夠每天欣賞壯麗的風景，在好地方睡覺、供應餐點，最重要的是，每天都有派對！不需要勞累身心就能夠欣賞美麗景色，對老人家是再好不過的行程了。

阿嬤也在看到渡輪後，立刻陷入興奮狀態。「天哪！天哪！」可能說了至少一百遍了吧？我們開心地把渡輪都逛了一遍。裡頭簡直可以說是一個小社區，應有盡有。SPA、按摩、餐廳、健身房，還有能夠滿足宗教信仰的空間。

「這真的是船嗎？船到底有幾坪，怎麼什麼都有啊？」

阿嬤真的好開心。這才發現阿嬤根本是討海人體質，這麼大的渡輪她已經四處逛得熟透透，我一不注意她就已經跑去交了新朋友。不過新朋友的共同特徵──全都是男生！

船的最頂層每天都有派對，阿嬤跟帥氣的西方爺爺一起跳舞，跳得都不知道膝蓋痛還不痛了。

阿嬤說，她以為老阿公身上只會有孤單老人的味道。

但是在船上遇見的老爺爺，身上只有迷人的香水味，她
說她無法忘記那時的衝擊。
其實，阿嬤第一次嗅到男人的香氣，是在澳洲的時候。
她和一個爺爺一起合照，那時，她說爺爺身上有香水的
味道。
「他有年紀了，身上居然有那麼好聞的香味！」
在那之後，好一陣子她都能想起那件事，說那股香味久
久不散。

在澳洲時，阿嬤還對外國人有點陌生不自在。結果去了
趟日本，看了外國空服人員，她變了許多。
除了其中一名船員，船上的韓國人只有我們倆。派對場
地上萬國旗飄揚，全世界的人都聚在這裡了，這裡可說
真正是「四海一家」，世界和平就在此處發酵。身處在
這樣的環境，阿嬤也更有自信地和外國人說話。

之後呢？阿嬤成為了「當紅人氣王」。

帶給阿嬤香水回憶的那個男人

末禮

當 YouTuber 的話，連旅遊都給最高級的啊！
YouTuber 的觀光和互助會的觀光等級完全不一樣啊……

在船上時，還讓我參觀廚房，那邊湯瓢大概是我廚房湯
瓢的十倍大吧？如果我的人生就是要煮一輩子的菜，那
麼在這邊煮菜感覺也很棒。
主廚還送給我一頂帽子，簽上名字。我從來沒帶過那種
廚師帽，真的是很感謝他。我只戴過衛生帽，那種好看
的廚師帽還沒戴過呢！

不過，外國人為什麼都這麼親切？
在澳洲的時候，我還很怕跟外國人對上眼，現在在渡輪
上每天和外國人面對面，談笑、跳舞……一點也不可怕
了。
這一個星期的時間，我完全變成另外一個人。我真的感
覺從那時候起，我的人生慢慢開始改變。

예전에 쇼핑백으로 만든 주방장 모자... (초라했음)

宥拉用購物紙袋做給我的廚師帽

(냄비) 우리 식당의 열배여 열배!

渡輪上的廚師送給我的正港廚師帽

晚上，宥拉藉口要拍影片，不知道上哪找來穿著英挺西裝的員工。

她叫我們在船頂上跳舞。

聽說要跳舞，還以為要來個吉魯巴舞，結果他抓著我的手慢慢地向前，又往後。

這是外國的舞嗎？還是渡輪的舞蹈？

不是我的 Style。

不過，至少牽到英俊外國男人的手，上哪找這種好事？

當 YouTuber 真是當對了。

跟員工歐吉桑在月下跳舞

宥拉

我在渡輪旅遊的時候，發現阿嬤真是天生注定四處旅行
的旅客。

有一回，出現了需要急救的患者。船上的醫生診治過
了，但看起來無法解決問題。派對上的音樂突然中斷，
緊接著廣播員廣播，因為出現急救患者，船現在必須停
靠最近國家的港口。一片沉寂後，船身突然開始搖晃。
（原先渡輪行走時因為沒有一點搖晃，也不會暈船。
壓根忘了我們正在坐船）搖晃的程度大概就像電影「鐵
達尼號」一樣，房間都在晃，杯盤掉落。實在好可怕。
在派對現場弄掉香檳杯的人們全都躲回房間，甚至有人
吐了。我也開始暈船，頭昏腦脹。阿嬤卻泰若自然地說：
「我待在這，你自己下去吧！」真是令我太驚訝了。

「阿嬤你不暈船嗎？」
「我坐車也不暈車，搭飛機也不會暈，這種船我一點事

也沒有。可能我天生就是要來玩的，這海浪也在叫我享受呢！」

我阿嬤，真是了不起的人！在這之前，我都不知道阿嬤是這麼樂觀的人。以前我只覺得她大剌剌的。（幸好那天要急救的患者順利接受治療，沒有大礙）

小時候，我曾看過阿嬤在餐廳和客人拉著衣領吵架。那時，阿嬤供應某家公司的餐點，對方卻沒有算錢給她。看到阿嬤一個人抓著那麼大個頭的大叔衣領，和他吵架，我心想：「我阿嬤真不是一般人，真的很頑強也很可怕。」

阿嬤本來是個內向的人。照阿嬤的說法，都是因為遇見阿公，人生才大逆轉。阿公實在是個「歹人」，不回家，留阿嬤一個人養大三兄妹。年輕時不管是賣麥芽、年糕，她什麼都做過了，然後個性也改變了。她心想如果她不改變，「靠她一個人，沒辦法在這塊土地養活她的三個孩子」。

也許每回的旅程，都讓阿嬤逐漸找回她已經遺忘的自己。找回那個曾經對世界有無盡好奇心和樂觀想法的，那個比現在的我還要年輕時候的自己。

一整個星期，我們彷彿在每天開派對的世界裡做了個夢。對阿嬤而言應該更是如此吧？

「我不想下船，宥拉你自己回家吧！」

不行，我們得走。
因為有更多地方在等著我們。

5
七十一歲
第一次做的
那些事

#旅行就是要去歐洲 #巴黎客朴末禮
#瑞士泡菜鍋太驚人 #翱翔天空
#別太貪心 #榮耀的傷痕 #阿嬤讓我安心

末禮

巴黎，巴黎，從來只曾聽聞……
我連巴黎是法國的一個城市都不知道。我問宥拉什麼時候要去法國，宥拉回答我，現在這裡就是法國啊！誰叫宥拉一下說我們要去巴黎，一下又說我們要去法國，我還以為是兩個國家。
雖然宥拉是我孫女，還是覺得很丟臉。

那個艾發爾塔還是尼菲兒塔的，我們訂了可以看到塔的飯店。
一看就很高級的飯店。我還是很不習慣享受這些。
是艾鐵爾塔嗎？一開始我還以為是南山塔，不過越看還真的越覺得漂亮。我好像每一個小時就問一次：
「宥拉啊，你說那高高的是什麼？」
「艾菲爾鐵塔」
我一定要記下來。
就算我得了痴呆，把一切都忘了，艾菲爾鐵塔也絕對不能忘記，我下定決心。

宥拉

這趟旅行出發前,我翻遍網路尋找各種預防失智的方法。根據網路上看到的建議,我在阿嬤的手機安裝應用程式,開啟打地鼠遊戲。對遊戲沒興趣的阿嬤勉為其難地玩了起來。她要抓地鼠,卻老是點到不相干的地方,總是在第一關就出局了。

大概是力不從心讓阿嬤覺得丟臉,她常嚷嚷著不玩了,卻又不斷說「我還要再玩一次」,展現出挑戰的意志。艱困歲月打造出天不怕地不怕的朴末禮,遇到失智症也是會怕的。

阿嬤說她要認真挑戰看看。

可是,為什麼阿嬤的表情這麼悲傷?

對阿嬤來說,玩打地鼠遊戲似乎壓力更大。

旅行果然就是要去歐洲,終於等到歐洲旅行的機會來到。線上預約住宿的網站決定贊助我們前往巴黎和瑞士旅遊。當時阿嬤還在開餐廳,我們只訂了十天的行程,有

點可惜。我們來回訂了商務艙，和一晚要價六十萬圓的昂貴飯店。若不是這樣的機會，我和阿嬤無論再怎麼賺，照我們一直以來的生活用度，也很難去這麼貴的旅行。

「阿嬤，我們飯店要六十萬圓耶！可以嗎？」

阿嬤無法爽快答應。她是那種會說：「睡個覺只要能躺就行了，為什麼要在飯店上面花六十萬圓這麼多」的人。不過，那些錢並不是平白送給我們的，因此我可以接受。這是為了阿嬤的花費，我得讓阿嬤好好地享一次福！然後，來做出一部有趣的影片吧！

我沒有跟阿嬤說明太具體的細節，決定將收到贊助的費用好好利用。火車都坐頭等艙，不坐地鐵或走路，無條件坐計程車。早餐也跟飯店訂，讓阿嬤可以享受那樣的氣氛，吃些水果等。
我希望讓阿嬤在這個年紀，能真的很舒服地欣賞歐洲風情。

我們居然住在巴黎能夠看到艾菲爾鐵塔的地方，阿嬤也說那是她記得最棒的一件事。

末禮

飛機上居然有房間？

這到底是啥米碗糕啊？

按下按鈕，椅子還自動往後躺！

我們去澳洲的時候搭經濟艙，當了 YouTuber 還可以
搭商務艙，躺著飛過去啊！我心想「當 YouTuber 真
是做對了！」想了一百遍、一千遍。

居然可以這樣舒服地躺著飛在天上！

每次都能這樣的話，到處都可以去啊！

空服員一直送東西過來，餐點也好高級！

很神奇、很棒，好到我都捨不得睡覺。

啊，我當 YouTuber 真是太好了！我再次感受到。

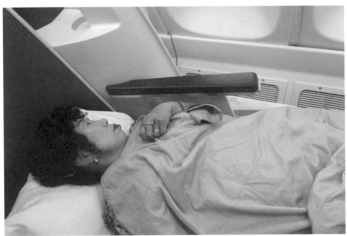

「飛機上居然有房間？」阿嬤像躺在地炕上一樣舒適。

下飛機時，我和機師一起合影，
其實要不是我拍 YouTube，哪能有機會見到這些人呢？
想到這讓我有點感動想哭。

宥拉

我也是第一次搭乘商務艙，到了機場興奮不已。但是阿
嬤說，她坐過商務艙。

「以前我坐過啊！」
「什麼時候？」
「之前不是和互助會一起去日本嗎？去什麼礦山那時
候。」

我記得阿嬤說那時候沒有什麼預算，去看了像礦山之類
的地方，怎麼可能坐商務艙呢？真是不可置信，我繼續
窮追不捨地追問。據阿嬤說，一上飛機，空服員就說現
在座位安排出現問題，要阿嬤過來前面。
機位超賣的話就會幫忙升級的那個？
這麼低的機率給阿嬤中獎了？

「阿嬤不知道是機位超賣嗎？」

「嘸知啊！就說什麼座位出問題，把我和朋友玉熙換到前面去。」

就這樣，只有兩個阿嬤調到前面可以伸直兩條腿的位置。其他的朋友都很羨慕。

但是繼續聽下去……她坐的是緊急出口座位吧？

阿嬤坐在緊急出口座位，和空服員面對面。她很開心自己有專人一對一服務。我跟她說那好像不是商務艙，阿嬤卻一直說是。

「阿嬤你等等，我帶你看。」

我們上了飛機二樓的商務艙。那時阿嬤的表情應該拍下來的。不過要在飛機裡拍攝得和航空公司講好，所以我沒能拍下來，好可惜。

阿嬤目瞪口呆，驚訝得說不出話來。雖然我也不知道飛機有二樓這種空間，不過，受到「商務艙衝擊」的阿嬤好笑多了。

末禮

第一次

法國的建築物真不是蓋的。不知是不是因為第一次來歐
洲就是到法國的關係，那些建築物特別讓我印象深刻。
宥拉還問我是來這邊看建築物的嗎？
這死丫頭，我是第一次看到這種建築物啊！就連在法國
到處飛的鳥我都覺得神奇，連水果也很神奇啦！
不過巴黎的乞丐很多，小偷也很多，看到攤開毯子、報
紙睡覺的人，真是嚇死我了！我以為像歐洲這種外國，
應該沒有乞丐。我想西方都是富裕的國家，但這裡跟韓
國一樣，有有錢人，也有乞丐，也是各種人一起生活的
國家啊！

壓扁的水蜜桃

什麼水蜜桃長得好像被壓扁一樣？
心裡想這會是什麼味道？咬下一口，真是好吃到眼球都
要跳出來了！果汁多的不斷流出來，實在太好吃了！

我忘不掉那個滋味。

現在我去旅行時，也會特意尋找壓扁的水蜜桃，找不到就覺得很失望。我女兒秀英很喜歡水蜜桃，真想拿回去給她嘗嘗，但聽說不能帶水果坐飛機。真的不行讓我偷帶一個回去嗎？

那個好滋味自己獨享，真是不好意思。

法國麵包

有一個叫做法國麵包的，長得跟掃帚柄一樣。

長得又大又很噁心，硬梆梆的，也沒有味道，真不是我喜歡的類型。

宥拉在洗澡時，我忍不住好奇心咬了一口。

結果我的牙齒就掉了，哎呀！

宥拉洗出來後，笑說阿嬤不是說不吃，怎麼搞的呀？

然後我把那顆牙齒用衛生紙包起來帶回韓國。那不是真牙齒，是那個做什麼根管治療後裝上去的。我把掉下來的牙齒包在衛生紙裡面，回韓國後再去看牙醫。後來牙醫師問我，您到底是做了什麼才掉下來？我就說了，我去吃了麵包。

罪魁禍首——法國麵包。早知道拍拍照就好了，白咬一口。

宥拉買了熱狗回來，熱狗大的跟馬的Ｘ差不多。

我在 Instargram 上這樣寫，我的粉蘇們都笑得要死。

但是我是認真的，長得很噁心。

朋友

宥拉不知道去哪找來一個歐吉桑。

她說要介紹朋友給我。也沒看過那人長什麼樣，也沒問人家年紀，因為好奇心就給人家說 OK ！

可是，我也年紀很大了……那個歐吉桑連牙齒都沒了，是正港的毆吉桑啊！每當我靠近點看他，就讓我想起我阿爸。

我阿爸也沒有牙齒……

總之，這個朋友開的是西裝店，也幫人家修改，也會喝咖啡，看起來生活過得很忙碌。他很親切，一直往我臉上親親。這是這裡打招呼的方式嗎？他的鬍子讓我覺得好癢，我又很害羞，弄得我都想尿尿了。

到現在我還是很好奇，他那麼有錢，為什麼沒做牙齒？難道那國家也是賺了錢就忙著給孩子補貼，所以沒空照顧自己的身體嗎？

唉唷，朋友啊！

別管什麼孩子了，先弄你的牙齒吧！

時尚之星

從那時候開始，我就慢慢地拿出我珍藏的洋裝出來。以前買了又沒穿的衣服……沒機會穿的衣服……

我的願望是能夠穿上及地的長洋裝，然後喝杯咖啡，優雅地生活。但是，每天忙著工作都來不及了，那個夢想都已經生灰了。

現在每回去旅行的時候，我就拿出一兩套來穿。其實還有很多衣服沒穿到呢！

衣服啊，衣服，現在我會把你們從衣櫃裡拉出來的！

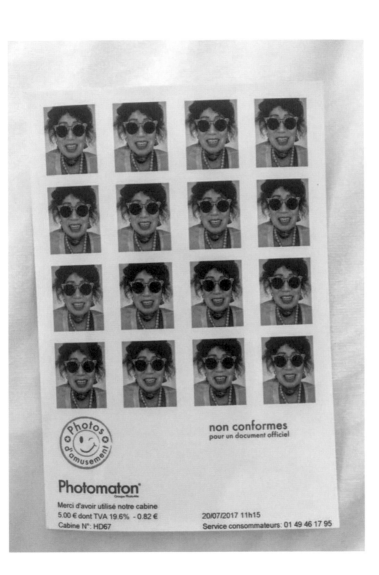

non conformes
pour un document officiel

Photomaton®

Merci d'avoir utilisé notre cabine
5.00 € dont TVA 19.6% - 0.82 €
Cabine N°: HD67

20/07/2017 11h15
Service consommateurs: 01 49 46 17 95

宥拉

去巴黎之前，我深受一股心理上巨大壓力的折磨。那是每回製作旅遊影片時感受到的一股情緒。

因為我要做得好，下次才有帶阿嬤去旅遊的案子進來。

而且這次還是難得的歐洲之旅，我覺得壓力更大了。

巴黎篇我所構想的內容是這樣的：

在巴黎的老爺爺捎了一封信給阿嬤。

「我在新聞上看到你，希望您何時有機會來巴黎的話，一定要跟我見個面！」

然後阿嬤拿著那一封明信片，去找老爺爺。

我透過 Facebook 聯絡了一位在巴黎當攝影師的人，請他幫忙。透過他的幫助，我們找到一位在當地開西裝店，彷彿會出現在電影裡般帥氣的老紳士。我的腦海裡忍不住播映起一篇極為浪漫的，能勾起心中漣漪的巴黎遊記。

我沒有向阿嬤說明太細的腳本內容，怕因此妨礙了她享受旅程。因此，我們幾乎是即興地在現場編劇，然後好好拍攝下來。

一般來說，在拍攝的時候我都會在腦中構思，但這次我卻一點想法也沒有。

在巴黎這般夢幻背景下的兩位時尚長者。

白髮的法國老爺爺和活潑的韓國阿嬤。

光是這樣的畫風就很完美了，到底問題出在哪？

一回到韓國，我先按照時間先後、各個場景整理，進行初步編輯。（本來我不會拍完馬上整理）

我明白為什麼不好笑了。

因為我計算得太完美，卻看不到我阿嬤本來的樣子！

我們影片的特色就在於直接、平淡、無俚頭，不知道下一秒會爆出什麼的平凡人朴末禮，但在我的劇本裡，那個模樣卻消失得無影無蹤。照腳本拍、照腳本編輯，這對我而言其實也不是很有趣，再加上我無法指使阿嬤演戲⋯⋯

根本不可能製作出像電影般優秀的場景。

被一股負擔感壓著，難道是我太勉強了嗎？

我又不是朴贊郁導演，只不過是個跟著阿嬤到處跑的攝影師親友。

我心想，是不是因為我一個人貪心，把事情搞得太大了？千里迢迢來到巴黎，想讓我們頻道的訂閱者和粉絲看到很了不起的影片，全都是我太貪心了。

在當 YouTuber 的第二年，我終於徹底明白。訂閱者和阿嬤的粉絲所想要的，不是外觀華麗的影片，他們想看到的，僅僅是在新世界裡盡情玩樂的朴末禮阿嬤的樣子，只有這樣。

有時當我無聊，會把埋藏起來的巴黎拍攝影片拿出來看。但是每一次點開，我都沒辦法看超過三秒。那時候我想好好拍出影片的那股野心，彷彿都要衝出螢幕，實在看不下去⋯⋯

太丟臉了，只好 Shift+Delete，最後刪除掉的悲傷故事。

美國的時尚雜誌《Vogue》刊載了阿嬤在巴黎的照片，甚至大力稱讚阿嬤的時尚。包包是龍仁 emart 購物袋。

末禮

火車
我居然可以坐外國的火車，你就知道我多開心。
坐頭等廂還給我蘋果吃？
我們坐火車來到瑞士。
我覺得我好像跟年輕人一樣當背包客，突然力氣都來
了，像年輕人一樣。

瑞士
我不知道有叫做瑞士的國家，也不知道原來坐火車可以
到另外一個國家。我想說從瑞士坐火車就可以到的話，
風景應該也差不多吧？
但是窗外的景色漸漸開始改變，然後完全變成另一個世
界。夢幻的草綠色山頭和湛藍的天空填滿了車窗。哇
……要是我沒當 YouTuber 的話，怎麼會有機會看到
這種山呢？

不好意思我一直講 YouTube，只要這種像做夢一樣的好事發生，我就忍不住先想起 YouTube。就像有信宗教的人每當發生值得感謝的事情，會第一個想到神一樣，我也向 YouTube 之神致謝。

我有想過人死後才會到達天國，但若天國真的存在，會是這個樣子嗎？

我呢，還活著就去過天國了──那就是瑞士。

你問我怎麼知道死了會到天國還是下地獄？我嘛嘸知，反正這裡就是天國啦！

一到瑞士，我大概拍了一百張、一千張照片。走一步拍十張，走兩步再拍十張！

正當我享受著美景時，突然宥拉的涼鞋鞋底整個掉下來。

她愛漂亮，穿了雙好看的鞋來，在巴黎的時候就一直穿著那雙鞋跑。鞋子不耐穿，裂得越來越大，最後整塊掉下來。

一隻鞋的鞋底掉下來後，宥拉走路一拐一拐地，突然就蹲坐了下來。

「你這丫頭，長得矮還想要穿高跟的長高。」

真是笑掉我大牙，我在路邊一邊罵她有病，一邊哈哈大笑。

korea_grandma ···

korea_grandma 챙피해서유라하고같이못다녀스이스와서굽노
픈거신고꼴갑분이고뭐대고염병하다니신발발빠닥이딱떠러졌어야
내가드라마해서만봐지실지로이런욱긴일을볼줄누가알았나걸어나
가다가신발바닥이딱떠러줄누가아랐어야내가하도어훠기없어서
우서더니할머너니가웃순다고승질네고염병하고있드라너무웃기지
안냐ㅋㅋㅋㅋ

「太丟臉了，沒辦法跟宥拉走在一起。來了瑞士，愛漂亮，
穿高跟的鞋子到處跑，真是發神經。結果鞋底整塊掉下
來。我只在電視上看過這種事，誰知道竟然讓我真的看到
這麼好笑的事，居然有人走路走到一半鞋底掉下來耶！
我實在是覺得很不可思議，所以笑得要死，結果她發神經
說阿嬤笑什麼笑？啊，你們說不好笑嗎？ㄏㄏㄏㄏ」

宥拉

泡菜鍋

這天我們離開巴黎,來到了瑞士的因特拉肯(Interlaken)。
因為偷吃法國麵包掉了一顆牙齒的朴末禮女士,不知道她
在法國的韓國超市買韓式爆米花的時候有沒有預想到牙齒
會掉?現在她正開心地啃著那袋爆米花。
然後阿嬤突然開口,
「我嘴裡那顆玉米粒掉了,結果我還在這裡嗑爆米花耶?」
唉唷,阿嬤真的很愛說笑,連痛都可以用笑話帶過。

我們抵達瑞士的因特拉肯。來到瑞士以後,我也放下相機,
打算和阿嬤一同享受旅行。歐洲幅員廣大,風景優美,我
的相機根本不可能把所有的美麗都拍進去。不知是否因為
我在巴黎有所感觸,在瑞士時,我感覺更能退一步放鬆。

雨聲滴滴答答的一天,阿嬤說瑞士食物太膩了,吃不下
去,做起了泡菜鍋。我想拍下阿嬤做菜的樣子,把帶來的

GOPRO（極限運動用的高畫質攝影機）安裝在廚房，用腳架架起主相機。

「要做泡菜鍋時首先要準備五花肉。」

不知道為什麼，阿嬤只要一煮菜就會冒出首爾話。

阿嬤的故鄉在全羅南道靈光，雖然她已經搬到首爾真的很久了，還是改不掉她的腔調。她的朋友全都改了，只有她一個人堅持用家鄉話，說什麼她這是「龍仁的幾大不可思議」還什麼的。

我們在法國的韓國超市買來老泡菜，豬肉則是在瑞士超市裡採購。阿嬤每年都要醃一千顆的泡菜，四十年來如一日，天天都要動手處理蔬菜。今天她只要拆開包裝就好，樂得輕鬆。現在這個時代只要有錢，沒有什麼買不到。用錢買的「小確幸」泡菜鍋雖然也不差，但很神奇地，卻不是太美味，僅僅是一種普通的滋味。

果然這世界上，仍有一些是錢買不到的。

阿嬤不耐煩地催著我，要我趕快下載一些韓國的周末連

김치찜 할라믄 삼겹살을 준비해야 돼요.

「要做泡菜鍋時首先要準備五花肉。」

因為下大雨，一整天待在飯店，
我只好拍和阿嬤吃泡菜鍋、看電視劇的影片，
誰知道這部影片的點閱率居然會超過一百萬！

續劇。下雨天宅在房間裡，一邊吃好吃的東西邊看電視最好了！可我的注意力卻都放在拍阿嬤的攝影機上。

「夭壽喔，我要想做什麼又在那邊夭壽喔，在那邊靠夭發神經還不趕快？」
我一直被阿嬤的夭壽四合一禮包攻擊得暈頭轉向。
趕緊點開電視劇。阿嬤超級專心看電視劇，還不忘給劇情下一些中肯的評論。
「電視劇裡面每次演到生氣上火，他們就會去拌飯來吃耶？」
「吃得下飯嗎？」
「哭成這樣怎麼沒掉眼淚？眼睛太乾了吧！」

然後，電視劇裡的男主角跟女主角說：
「我好想你。」
阿嬤回的比女主角還快，
「昨天晚上才分開回家的，想什麼想，靠夭喔！」
即使戲演得這麼甜蜜，她仍是全世界最冷酷的電視評論家。
來到瑞士的第一天下著雨，我們就在飯店看一整天電視。

阿嬤……？？

야 외국 사람들은 눈만 마주치면 웃어

哇，只要跟外國人對到眼他們就會笑耶！

隔天早晨，我們得再前往格林德瓦（Grindelwald）。

我和阿嬤在月臺等火車……咦，阿嬤那親切的微笑是？

「外國人只要對上眼都會笑一個，我也很自然地跟著笑出來耶！」

西方人只要對上眼，他們都會笑著打招呼。第一次去澳洲時，阿嬤對此感到非常驚訝。雖然她已經是老人家了，看來還是很喜歡別人對她親切溫柔。

一開始她會逃避和別人對視，現在她說她學到了一課，只要看到外國人就會很自然地微笑。

但是阿嬤……你一點都不自然好嗎！

坐上火車，阿嬤盡情地欣賞窗外美麗的風景。

抵達飯店後，我們的陽臺可以俯看山和城市，一望無遺。

無論在哪拍，瑞士的風景就是一張明信片……但我還是忙著拍阿嬤，無暇欣賞。

「死之前沒能看到這種景色的人該有多冤枉！還是說不知道有這種地方，反倒也還好？唉唷，管他的，我看我的。」

就是說啊，我們沒有時間擔心已經過世的人！

我們坐上纜車，登上格林德瓦的費爾斯特（First）。穿著

紅色雨衣的阿嬤喊冷，卻仍像海蒂一樣開心地在山裡走走看看。

這時候一切都很美好，然後發生大事了。
我們不該坐上登山纜車，來到費爾斯特山區的。
有時，我會忘記阿嬤的年紀。阿嬤很喜歡挑戰新事物，所以我想她應該也會坐卡丁車。即使阿嬤正在猶豫到底要不要坐，我依舊想著她會像在澳洲潛水時一樣，坐下去就會覺得很好玩……
阿嬤一坐上卡丁車，沒幾秒就往前翻。卡丁車整臺翻覆過去，阿嬤的膝蓋破皮、左手背流了好多血……。在YouTube影片裡面我沒有說明太多，怕粉絲們太擔心。其實她的臉也破皮，就連臼齒也稍微裂了一點。

我究竟做了什麼啊！
我哭得不能自己，阿嬤在急救中心接受治療時卻很平靜。
看到我擦乾眼淚反省，阿嬤反倒安慰起我來。

「拜託，受傷也是一種回憶。這叫做榮耀的傷痕。是我

想挑戰所以才生出來的傷口，沒關係！很快就好了！」
阿嬤說她絕對不會後悔。因為她自己坐過了，才能跟她互助會的朋友說明為什麼這個東西真是X的，為什麼不可以坐。
她說有坐過她就心滿意足了。
「要是我沒坐過，我一定會在下面看別人坐那可怕的卡丁車，還羨慕得要死。都不知道那車真是X的！」
然後阿嬤拍拍屁股站起來，先走了出去。

朴末禮真了不起！
我是朴末禮的孫女，也是她的粉絲。
她受歡迎的理由，不僅單純因為她年屆七十開始當YouTuber，還有因為她勇敢又充滿活力，做她自己的那股魅力吧？

雖然阿嬤的臼齒裂得不是很明顯，但我實在感到太歉疚，一回到韓國馬上就幫阿嬤做了新的臼齒。
那時，我決定只要阿嬤有一點猶豫或覺得不自在，那就不要做了！阿嬤的直覺大部分都是對的。

那時候一切都還很好的……留下傷痕的卡丁車

末禮

我們坐著纜車上山，在中間下車。宥拉帶我去的地方，
是一個像在半山腰的汽車中心的地方。
雲霧繚繞，雖然我看不清楚眼前，我的直覺分明告訴我
不對勁。一排像古董腳踏車的東西靠在那，旁邊有一個
帶著工地帽子的外國男人拿著白紙給我們，要我們簽名。
感覺真的是不太好。
宥拉卻已經到那男人旁邊簽著名。
「宥拉，那個是啥？」
「這個？類似受了傷也不負責的確認書。」

不祥的預感總是特別靈。
我戴上安全帽，坐上那臺叫做「卡丁車」的腳踏車。我
連腳踏車都不會騎，有輪子的我只推過手推車，從來沒
有開過一臺車！
宥拉這丫頭老說很好玩、很有趣，我眼睛一閉就坐上去。
眼前霧濃得看不清楚，我的腳重得踩不下油門。

但是，我後面還有那麼多人在等，這油門是得踩下去
的……

好啦！我就鼓起勇氣催下去！

阿娘喂呀！！！！！！

卡丁車的前輪被石頭卡到倒了下去，我那時候可能也不
想死，本能地把把手給轉向右邊，跟車子一起倒了下
去。要是往左邊轉，那邊是很陡峭的山坡，我可能就掉
下去死了……。繼澳洲之後，我又活了下來！可能我注
定要活下去吧？

打起精神後，發現我的膝蓋流血，不久前新做的臼齒牙
套裂了一點。

宥拉不知道受了多大驚嚇，一個人在那邊哭得要死要
活的。

說阿孃對不起，哭得眼妝都糊了。

我去做緊急治療的地方貼了 OK 蹦，然後坐纜車下山。

真是痛死我了。宥拉說一回到韓國就要重新給我做牙
齒，安撫我的心情。

我們坐上火車，再次回到因特拉肯站。

宥拉在回程時全程哭喪著臉，搞得我也很不好意思。

我跟她說，沒關係啦！這也是因為我去挑戰才有的傷口，很快就會好了。

反倒是我來安慰這個丫頭耶？

但是宥拉偷偷瞄了我的臉色，這才說了，

「阿嬤，可是等下我們已經預約了飛行傘耶……」

啊，這個夭壽丫頭又跟我說要飛上天空？

「阿嬤，你不玩了吧？要不要取消？」

可是我膽子可能真的太肥了，又想去玩那個。

不是這時的話，我何時還能再飛上天空？

總不能因為卡丁車還是卡打車那個 X 東西，放棄我翱翔天空的機會吧？

「不！我要飛上天空！」

宥拉

當我一提出飛行傘，阿嬤最先問我的是：
「我年紀這麼大，他們可以載嗎？」

天哪，阿嬤不是先問我可不可怕，竟然先問年紀，我苦
笑著。看來阿嬤因為自己的年紀，自己習慣事先過濾
了吧？

「別擔心。年紀這麼大他們也載。」

有一天，我也會那樣吧？
迎接我害怕的歲數到來。

末禮

宥拉在首爾的時候一直給我看飛行傘的影片。
問我阿嬤你敢坐這種嗎？問了十遍、一百遍。
雖然我可以保證我敢坐，但要是飛到一半繩子斷了怎麼辦？我剛剛是不是又亂講話了？
一直到去瑞士之前，我都還在擔心那個。

要是我在韓國時說敢坐，等下去到那邊說不坐，就很丟臉了，所以我很勇敢地上去。外國教練跟我說我只要走路就好了，我就照他講的走路。

真的是咚、咚、咚，
我走了幾步，然後飄向天空……我飄起來了！
哇！突然間我好像感受到一股電流。

後面的外國教練跟我嘰哩呱啦，我聽不懂，只是跟他喊：「讚啦！讚！」這個外國教練真親切，就算我聽不懂，還是一直跟我講話，我覺得好感動。

阿嬤在當少女的時候，應該曾看著鳥兒想像自己飛上天吧？
七十一歲的那個少女真的翱翔在天際！

一開始有些害怕，但成功完成飛行傘後覺得很自豪。

你問我感動什麼？人老了，有人願意跟我講話就很感動了。

就算我聽不懂，人家也像是特別照顧我一樣，所以感覺很好！

我覺得現在就好像飛上外太空，全身通過電流一樣刺激！

嗯？那我要怎麼下去？萬一就這樣掉進河裡面怎麼辦？

焦急也不過幾秒，等我看到腳下的風景，又想多停留一下了。

那麼漂亮的風景，我要通通裝進眼睛裡！

有人說「連眨眼都覺得可惜」，原來是用在這種時候啊！

當我害怕時，只要想著「死了就死了。」就會覺得心情很平靜。

哎呀，你說那也不能這樣想啊！

拜託，我都活了七十年了，到了這個歲數，要無聊地活很久，不如把餘生過得有趣一點然後死掉，這樣一點都不可惜。（當然，在我開始接觸 YouTube 之後，讓我想在這好玩的人世間活更久更久）

宥拉

「太棒了，我好幸福！」

阿嬤終於飛上天空。在飛行員前面晃來晃去吊在上面的阿嬤，表情非常詳和。
翱翔天際、俯瞰地面的阿嬤，看起來就好像慈愛的女神，而非頑強地從土地上長大的人類。
當然，我也非常興奮！

就這樣，歐洲之旅結束了。在瑞士的時候下了太多天的雨，好多天都在飯店裡度過。即使是稀鬆平常的日常生活，能夠在瑞士度過，也算是很特別了。

瑞士篇我上傳了「七十一歲朴末禮人生第一次飛行傘！」和「在瑞士做泡菜鍋吃與收看韓國電視劇」兩個影片。我以為飛行傘篇的點閱率理所當然會比較多。結果正好相反，泡菜鍋篇的點閱率是飛行傘篇的三倍多。（SHOCK）

●宥拉的故事●

二十九歲，
被羅勳兒圈粉了

以前我看到 YouTube 裡面深深為羅勳兒瘋狂的老人家，非常高傲地想：「原來年紀大了就會喜歡羅勳兒這種型啊！我現在還是覺得他很油膩。」所以，我要說的是，我二十九歲，現在完全身陷羅勳兒的魅力之中。

二〇一八年二月二十二日，上午十點。
那天，羅勳兒的演唱會門票開賣。為了喜歡羅勳兒的阿嬤，早上經常起不來的我特地設了九點的鬧鐘，準備搶票。這場大戰不只是羅勳兒粉絲的戰爭，應該說是全國孝子、孝女的戰爭。雖然我在 YouTube 上面也算是開始走國民孝女之路了，不過最後我連結帳的視窗都沒能看到，「秒敗」。那時我的耳邊好像開始響起幻聽，罵我「說什麼要帶我看羅勳兒，在哪邊靠夭夭壽的，真的是只有靠夭而已啦！」經過五個月的等待，我終於撈到一樓 R 區的兩個位子了！

終於來到傳說中王之回歸的日子。

就如同其他演唱會一樣，現場外面賣著冰水和五顏六色的
螢光棒。

「我拿這個不會太那個嗎？」
「不會啦！大姊，怎麼會啦？很好看，好看！」
「唉唷，大姊們！至少要這個程度勳哥哥才會多看你們一眼
啊！」
到處都可以聽到諸如此類的對話。我阿嬤一直看看商品，
沒有買。有一個老闆勸她買一個，結果阿嬤挑了三個螢光
棒。那天在座位區裡，末禮女士散布的燈光幾乎跟羅勳兒
差不多華麗。

「要開始入場了！」
廣播聲響起，人們開始一個個湧上來。演唱會現場外面全
都是女性興奮的笑聲！呵呵呵，嘻嘻嘻，哇哈哈哈哈，充
滿各種響亮的笑聲。突然我覺得，要是能夠這麼幸福，那
我也要當羅勳兒粉絲。終於開始入場，接著噠噠噠噠地響，

螢幕上跑出演出開始前的注意事項。我覺得這有一點「老套」的呈現方式有些好笑，文字出現的速度慢到我有點受不了。但若考慮到這場演出進場觀眾的年齡，這樣的呈現方式其實蘊含著對觀眾的貼心，是很棒的設計。

接著，羅勳兒就在一片雲霧中帶著吉他出場。照阿嬤的說法，她還以為是山神顯靈了。其實舞臺效果也真的把他打造的像神一般。舞臺導演大約在心裡吶喊著：「我們家羅勳兒不行這麼輕鬆就讓你們看到！耐心等等吧！今天能看到羅勳兒真人的觀眾都是幸運兒！」。

螢幕的鏡頭絕對不對準他的臉部。只是一味地放大後面的伴舞、伴奏家，到底為什麼不照羅勳兒呢？整場演出都要這樣嗎？當我開始這麼想時，就覺得浪費門票錢。要看這種，還不如去看電視還比較看得到羅勳兒的臉哩！

但是，當我看不見他的臉，彷彿更能夠放注意力在歌曲上。聽著聽著，發現歌詞寫得真好（字幕還用超大的字體）。

原來不是我所想像的那種老套的演歌！他的歌唱得頗有力道，好到讓人懷疑這真的是七十多歲的人能夠發出來的聲音嗎？

這就是陷入羅勳兒魅力的起始。拜親切的大字幕所賜，你可以得知所有歌曲的作詞、作曲者都是羅勳兒。現在在你的腦海裡，羅勳兒將不再是單純的演歌歌手，他是一位「藝術家」。

突然間，螢光幕上掛滿了紅柿。這又想表達什麼呢？原來，下一首歌曲的歌名就叫「紅柿」。真是為觀眾量身打造的完美呈現手法！他也不像一般歌手唱個兩首歌會先致詞，連續熱唱七首歌後，羅勳兒這才背對觀眾。所有人屏息以待，終於，他的後腦勺被鏡頭放大。
此時，觀眾的尖叫聲早已此起彼落。緊接著羅勳兒轉向正面，嶄露那珍貴的面容。螢光幕上被羅勳兒的臉填滿，然後帶出一條字幕——我是各位的羅勳兒。

羅勳兒突然就變成我的羅勳兒了。那健身鍛鍊出來的年輕臉龐、年輕表情，精實好看的五官，根本看不出是老人！

他跑上跑下的，怎麼一點都不喘？

一切的一切都令我太驚訝，驚訝地說不出話。

他露出白皙的上門牙，嘻嘻嘻嘻地，像馬一樣地笑著。從這時候起，我根本不知道阿嬤怎麼看演唱會的。因為，我只注意看勳兒哥哥呀……！雖然我沒聽過羅勳兒的歌，也不知道他過去多厲害，那個瞬間，一切都不重要。我們被洗腦了。

我想看羅勳兒的臉！給我投射在螢幕上！

哇！我也看到了！沒錯，我是幸運兒啊！

絢爛的燈光照明和四處噴射的煙火中，充滿活力的羅勳兒在兩邊階梯跑來跑去。哇，他怎麼這麼會跑？真是一連串的驚喜。歌手李承哲有名的那句「全都流露出來」拉長音唱法，羅勳兒也會那樣唱。深怕羅勳兒氣不夠長，我在旁邊看著都緊張。但是他面不改色，把最後一個音唱得那麼

久、那樣迷人。他的技巧和歌唱實力完美得讓人懷疑是不是對嘴，體力好得絲毫沒有氣喘吁吁的感覺。整整唱了超過一個小時，他才喝了一口水。

羅勳兒的另一股魅力就是他的口才和手勢。他有一點點慶尚道的口音，很懂得和觀眾玩欲擒故縱的手法，吊你一下，又放掉，非常熟練地炒熱演唱會氛圍。

「這麼久沒見面，大家怎麼都變這麼老了？這都是我的錯啊！我不在的這十一年害大家變成這個樣子，從現在起，我會還給各位青春，大家要接好啊！」

致詞一結束，「還給我青春」的前奏就嘩啦啦爽快地下來，羅勳兒脫掉上衣甩出去。身上剩下白色背心和破了好幾處的牛仔褲。他身後背景螢幕上的時鐘，彷彿中了羅勳兒喊出的咒語，真的逆向轉了起來。

我到現在仍會和朋友提起羅勳兒的演唱會。羅勳兒彷彿有一股魔力讓造訪演唱會的觀眾到處炫耀。

羅勳兒非常了解，他了解他的粉絲和他自己的價值。

羅勳兒說如果他的人生重來一次，絕對不會當歌手。那這樣還有誰能當歌手啊？我真想還給羅勳兒青春。我還想一直看他的演唱會呀！

託阿嬤的福，我被羅勳兒「圈粉」了！

6
阿娘喂，
澳洲居然有
這種地方？

#要移民來這嗎 #澳洲黃金海岸 #直升機之旅
#華納電影世界 #在阿嬤膝蓋還撐得下去之前
#我們到世界各地玩吧

宥拉

開始做 YouTube 一年了。

我需要一個特別的禮物自我慶祝。

所以我決定再去澳洲——

那個改變阿嬤人生的地方！

這次是黃金海岸！

末禮

宥拉說是黃金海芋還什麼的，
雖然我不知道地名，不過澳洲真的跟我很合。你問我哪
方面合嗎？
嘸知啦！就是都很合！

華納電影世界_夢幻世界
活到七十歲，我去過的遊樂園只有愛寶樂園和龍仁民俗
村。那還是因為我就住在龍仁，順便晃晃去看看的。
年輕時我忙著工作沒能進去玩，等老的時候去，每次我
想坐看看遊樂器材，就被說老弱人士無法搭乘，連排個
隊也不行。
人老了，連玩的機會都沒了。
那時候我就想：「天哪，我的人生大概就只有這樣了。」

澳洲的遊樂園難道會有什麼不一樣嗎？我沒抱著一點
期待走進去。

可是這裡也不問年紀，什麼都不問就讓我坐上去耶？
所以我就想，這是天上掉下來的禮物嗎？坐上去之後，
天哪，整個世界都轉來轉去，飛天遁地的，我的心臟都
要跳出來了，這裡大概就是花花世界吧！

真的好好玩啊！
到底為什麼愛寶樂園不讓我坐？我真的可以坐遊樂器
材的。真想把我在韓國的朋友全都帶來這邊玩。
我朋友愛順一定會喜歡……
下來之後還以為我的膽都嚇破了，不知道還在不在，我
摸了一下，原來它還好好的。好哩佳哉，我可以再坐一
次了！

金宥拉：阿嬤你還好嗎？
朴末禮：呵呵哈哈哇哈哈哈！

我正在一解在韓國坐不到遊樂器材之恨。哇哈哈哈哈哈哈哈哈！

宥拉

「我可以進去嗎？等下叫我出去怎麼辦？老弱人士不能進去吧？」

位於黃金海岸的遊樂園——華納電影世界，站在門口的阿嬤又開始擔心起她的年紀，看來在韓國被拒絕的回憶到現在還深深留在她心底。

阿嬤的餐廳就在愛寶樂園前面，她曾經負責提供當時施工工人的餐點。雖然餐廳大概就像一家小壽司店一樣不太大，但是餐點好吃，所以愛寶樂園的人幾乎都來阿嬤的餐廳用餐。

有一回，阿嬤向前來用餐的愛寶樂園員工問：「大叔，可不可以也讓我參觀一下愛寶樂園？」結果那人真的帶她去參觀了。但，去了又有什麼用？又沒讓她坐到遊樂器材。阿嬤也很酷地用朴末禮風格笑說：「有什麼了不起，我也不屑坐啦！」然後回家去。

真想學點英文住在這邊！我們要不要在這邊生活看看啊？
大概兩個月就好。

無論我怎麼想，還是覺得世界對阿嬤太刻薄了。她整日忙著工作一日不停歇，忙碌地沒時間察覺她的年華正在逝去，好不容易有點餘裕，想花錢坐個遊樂器材，這才告訴她妳太晚來了，彷彿被誰背叛了一樣。

人生，究竟是什麼呢？

究竟該怎麼樣過下去，才不會留下後悔呢？

人人都說要好好過生活，所以認真地過了。可是我們經常可以聽到，那樣認真的結果，卻似乎不一定過得很好。

阿嬤像回到水裡的魚一般，盡情遊走在各個遊樂器材之間。阿嬤毫不猶豫地坐上我不敢坐的自由落體。我問她不怕嗎？她說：

「嚇破膽了啊！不過我有很多膽啦！」

我們也去了夢幻世界遊樂園。阿嬤說她只要坐最可怕的設施，但是我擔心，所以攔住她了。我是越來越憂心重重，阿嬤層層的皺紋卻是越來越淡。

「天哪！天哪！你看那上面！
阿娘喂呀！澳洲居然有這種地方？」

接下來的行程是坦莫寧山國家公園。

這裡氣候溫和，裡頭有熱帶雨林，另外還有天空步道能夠在高處散步，好好感受熱帶雨林的景致。若有讀者看了這本書，打算和阿嬤去澳洲旅行的話，一定要安排去這裡！

我們也上去 Q1 大廈上的眺望臺。在這裡，可以登上一共七十七層樓高的高樓外壁進行攀登。體驗者穿上安全裝備後，爬上建築物外壁上的階梯再下來。現在回想起我們居然體驗了這項活動，還是不禁搖搖頭。

阿嬤問我到底什麼時候要去貼牆壁，說她真的很想試試看。

無可奈何跟上去的我，說實在的，真的差點要嚇死了。

阿嬤緊跟在我身後，老是催我快一點。

吼，阿嬤我叫你不要跟那麼緊啦！

「你就走那麼慢！你這樣能保護我嗎？我看我自己保護自己比較快啦！」

真是無言。

我們也去了能夠一嘗熱帶水果的熱帶水果世界，還有能試飲各種紅酒的女巫瀑布酒莊。

再次驗證阿嬤的膽量，那時我真的很害怕。

我們是去試飲紅酒的，阿嬤卻在旁邊顧著吃配酒的點心。

「阿嬤你只顧吃的，要是現在在年輕人的聚會，你會被趕回家的。」

「那就算了！我也不想混進你們的世界！」

我故意取笑阿嬤，然後她斬釘截鐵地回答。

阿嬤完全不會喝酒。

我曾經問過阿嬤，她壓力大時怎麼紓壓。阿嬤卻告訴我，她沒有壓力。生氣時就馬上說出來，然後就不會放在心上。

很多人也說不會放在心上，可這絕非易事。阿嬤是真的不會記恨的個性。即使她和姑姑或是其他人吵架，一氣之下放話叫人家一輩子再也不要出現在她面前，等到隔天又忘得一乾二淨。

也許有些觀眾看了 YouTube 影片後，會覺得阿嬤的個性很強勢、很可怕，但我喜歡阿嬤這種個性。要是有一方心胸狹隘，長久下來關係容易破裂。可是阿嬤就算吵架或發火，要不了多久就可以「初始化」，這真的很好。

有一回在澳洲，我們看到有一個孩子在街上哭。因為孩子耍賴，所以爸媽跟他說：「你自己待在這」，然後裝做走掉的樣子。阿嬤緩緩走向前，把那個孩子抱起來。我好驚訝。我們在國外根本不會去碰別人孩子，阿嬤卻二話不說把孩子抱了起來。

原來阿嬤看出那個孩子是因為傷自尊心，才不想去找爸媽。
「唉唷，我帶你去找爸爸媽媽好不好？」

阿嬤把孩子帶去找他的父母，幸好他們也開心地笑著說：「Thank you! Thank you!」
那時，阿嬤正好帶著聖誕老人的帽子，孩子的母親對阿嬤眨了眨眼示意，跟眼淚還未擦乾的孩子說：
「哇！是聖誕老奶奶帶你來找爸爸媽媽耶！」

雖然阿嬤的人生有了大轉變，我愛的阿嬤仍然是那個樣子，絕對不會改變。
阿嬤又善良又可愛，有趣又有人情味！

從直升機的窗戶看下去，就可以看到黃金海岸最長的海岸——
衝浪者天堂。阿嬤和我只能不斷地讚嘆。

내가 너 만나고 내 인생이 바꼈다. 아고오 착해!
<Currumbin Wildlife Sanctuary>

「遇見你之後，我的人生改變了，謝謝你啊！」

現在我知道袋鼠的後腳不是受傷，
也會穿無袖洋裝出去玩。
我也改變好多，不對，是我的人生改變了！

korea_grandma

korea_grandma 데춘찌겄어는되생각보다아주못자게나와서

「我隨便拍的，結果比我想像的還要好看。」

7
阿嬤，
Google
發邀請函來了

#上班族請做好心理準備 #人生就要像朴末禮一樣
#Google總公司 #YouTubeCEO #尋找蘇珊
#阿嬤的全球粉蘇 #討厭英文 #尚恩我朋友
#SearchingforSusan

末禮

「阿嬤，你不要嚇到喔！Google 發邀請函給我們耶！」
「Google 又是哪一個國家啊？」
「不是啦！嗯……反正是美國！」
「天哪！美國！我作夢都想不到……怎麼美國也會邀請
我們啊？」
「我們是要去一個叫做 Google 的公司！」
「顧狗？那為什麼要找我？」
「是 Goo・Gle！那邊就是 YouTube 的公司啦！」

我又再次下定決心。
YouTube 還送我去美國耶！天哪，我真的要好好地當
YouTuber！
世上怎麼會有這麼好的事？
我阿母、阿爸在天之靈，你們一定要以我為榮啦！
老么末禮要去美國啦！

就這樣，我以為我的人生，我這一輩子根本不可能踏上美國，就讓我去成了。

我以為旅行頂多就是去濟州島了，現在居然飛來飛去啊！根本想不到當 YouTuber 還可以環遊世界呢！

美國……！

一下飛機，就有一個年輕男人過來，拿著一張寫歡迎還是什麼的紙。這種歡迎儀式，真是太讓我驚訝了（我只在電視劇裡看過人家在機場拿著這種東西）。他的名字叫尚恩。

到了 Google 幫我們準備的宿舍，天哪！全世界的 YouTuber 都在這邊三三五五聚在一起聊天！

這時候我又嚇到了。因為只有我一個人是七十幾歲的老阿嬤。大家都是二三十歲，只有我超過七十，我混在這裡要做什麼……

宥拉啊，看來我真的不行。

「阿嬤，你就照你的 Style 來就行了！」
「我的 Style 是怎麼樣？」

五分鐘後，我已經和這些外國 YouTuber 比手畫腳玩
在一塊。

宥拉說，那就是我的 Style。

能見到全世界的 YouTuber 真是神奇。
他們算是我的同事嗎？他們都拍些什麼呢？
聽說他們是代表各個國家的 YouTuber。
聽說有個男人拍手機或電子產品，這個人是用英文教
學，那個人是像藝人一樣做各種節目……
我的影片也算拍得不錯嗎？

宥拉

Google 每年都會舉行開發者大會。這是一個將全世界開發者聚集起來，針對各種新技術分享彼此意見的場合。原本韓國也有 IT 專長的 YouTuber 受邀前往，2018 年卻不知怎地邀請了阿嬤。

終於到了美國加州。

「阿娘喂呀，我終於來到美國了！」

幾秒鐘後，感恩的心就被拋出腦後，因為阿嬤不會講英文，我真是揪著一顆心七上八下的。阿嬤會說的英文就只有 Hello、Thank you、Sorry、F***You、Sh**……。阿嬤，那是髒話啦！
不行，我們需要在飯店臨時報個佛腳。

「阿嬤，Google 是什麼？」

「Google？YouTube 的媽。」

「AI 是什麼？人工……」

「人工水晶。」

「智慧型手機呢？」

「我的手機。」

「如果你有不懂的英文，然後拍個照片就可以翻譯了。
那叫做什麼？」

「魔術師。」

雖然阿嬤已經「奮學」，還考過小考，還是完蛋了。

「唉唷，不知道啦，很煩耶！我背不起來，真想哭。
Hello. Thank you. Sorry. F***You. Sh** ！」

阿嬤嚷嚷英文太難，在床上滾來滾去之後，做出放棄
宣言。
幸好我們有翻譯隨行，也有 Google 翻譯機。

學英文學得累到睡著的阿嬤……。看來填鴨式教育失敗了。

末禮

Google 為我們安排翻譯人員，因此開發者大會的活動可以順利地結束。我以為翻譯是等外國人講完話，才告訴我們剛才說的內容，結果不是，只要耳朵塞進一個東西，就可以同時翻譯外國人講的話。

所有的一切好像都在幫我。
我很開心地完成活動。
覺得我表現得不錯耶？

宥拉

隔天我們來到 Google 總公司。真的除了我們之外，其他人都是 IT 專家，要不就是訂閱者超過五百萬以上的超級有名人士。在取景的同時，我仍舊難以相信這是真的。「這真是天大的榮耀！以後要更加努力做出好影片！」我真實地感受到，這份工作究竟是一個多麼重要的經驗和機會，從此我身為一名 YouTuber 的職業精神變得更透徹。

在 Google 裡頭可以看到各式各樣的新技術。其他 YouTuber 正忙著拍攝那些技術的時，我們正用一百八十度相反的角度拍攝影片。我們以尋找阿嬤唯一認識的美國人──授予我們白銀創作獎的 YouTube 的蘇珊──為主題，拍了一部短篇電影「尋找蘇珊 (Searching for Susan)」。
因為人們都很好奇，所以我們給他們看了影片，不知他們是否很喜歡這部影片，全都自願提供協助。他們

說無論何時，我都可以請他們來幫忙。替我們導引的 Google 員工尚恩也扮演了很重要的角色。此外，我們還和 Google 裡的韓國籍員工見面，詢問他要如何才能進入 Google 工作。希望我的同儕朋友看了這部影片能有些許的收穫。

世界各地獲得邀請的YouTuber們。
驚人的是，除了我們之外都是IT專家！

末禮

Google 這公司到底是何方神聖，還可以帶著狗出來？
員工餐點也都配合他們的口味，水果也不用假的，用真的新鮮水果在現場打果汁！
在我們韓國，超過六十歲就得退休，什麼都做不了。可是在這裡，比我老的人也都在咖啡廳泡咖啡打工。
所以我問了，問我們翻譯！
問他那個阿嬤到底幾歲了，還在這邊打工？他告訴我在美國，只要有能力就可以做。比我還老的白髮阿嬤穿上圍裙工作，我有一股奇怪的感覺。

現在想想，那種感覺應該稱為「感動」。
我問他我也可以在這邊工作嗎？我居然不自覺地吐出這句話了。
但是我不會說英文，所以不行。哪家公司會給員工配翻譯讓他工作呢？哈哈哈。每當這種時候就恨我沒有念書。是啊，我阿母阿爸要是不讓我念書，乾脆把我送去

美國給人家領養嘛！

這樣至少我英文會很好啊！
哎呀，我又開始埋怨阿母阿爸了。
他們是不想讓我念書，可大約也不想送我給別人領養
吧？

Google 開發者大會上聚集的人，都是從哪邀來的呢？
原來大家都對世界潮流很有興趣啊！只有我一個人什
麼都不知道，只是每天煮著大醬湯。
我好像開始有了欲望。
我想要知道這個世界是怎麼運轉，我想知道這個世界的
潮流。

我們居然有機會來到Google！Google萬歲！

阿嬤的招牌pose──躺著拍。
阿嬤說她真心想在Google工作。

宥拉

Google 的祕密實驗室──「Google X」。
這裡是實現科幻技術的地方，他們表示具體在研發什麼無可奉告。不過他們可以給我們看看最近製作完成、並且公開的無人機配送技術。

人們聚在一個像是直升機起降處的地方，無人機輕鬆地放下禮物包。裡面有糖果、巧克力等，大家都叫阿嬤拿，所以阿嬤就收下了。我阿嬤把巧克力分給在場的人們，她就是這麼有人情味。

「這是天上掉下來的巧摳力啦！」

我們坐車回去的路上，尚恩才說其實剛剛現場有 Google 的創辦人。
大家都驚慌失措地，而我們因為不知道那個人是誰，完全不為所動。聽說有人拍到他的照片，我們一看⋯⋯

啊，他不是阿嬤發巧克力的其中一人嗎？

重新看一次我拍的影片，真的是他。

其他人更驚慌失措了。就連 Google 的員工也說是第一次看到創辦人這種樣子，覺得很好笑。我們也得知了在創辦人旁邊的就是他兒子，而阿嬤也給了他巧克力。總而言之，我把這些都拍下來了！

阿嬤，我做了一件了不起的事！

「哇，我就知道。我大方跟別人分享，這麼善良地過生活，總有一天會有回報的啦！」

配送巧克力的無人機。阿嬤好像在展現出韓國人的「人情味」似地，
只是把巧克力拿出來分給人們……其中居然有Google的創辦人！

末禮

在美國也有認出我的粉蘇耶！

在 Google 開發者大會上，有一個墨西哥記者認出我來。

他說在他們墨西哥的新聞上看過我。我真的是雙眼「盯」亮起來的感覺。

然後在飯店入住的時候，那裡的員工也認出我了！

他居然有追蹤我的 Instagram ！

那是美國人耶！

這世界上居然有這種事啊！

阿嬤和來自全世界的粉蘇們。好神奇！

宥拉

阿嬤也不是不怕生的人。不過,她在和外國朋友一起互動時,應該自己也覺得很有趣。加上這些朋友們都很喜歡阿嬤。越是如此,阿嬤就越覺得不會英文這件事時很悲傷。

在某一間咖啡廳裡,有個滿頭白髮的老人正在工作,阿嬤非常羨慕她。阿嬤說要是她會英文,就算讓她洗碗,她也想在那間店工作。阿嬤說她很羨慕那人有自己的工作。

我們吃棉花糖吃到一半,阿嬤這麼說:

「宥拉,來到這裡之後我突然這麼想。要是我阿母不願意教我念書,那還不如乾脆把我送到這給人領養。這麼不願意教我讀書,幹嘛把我養大?要是在這邊被領養,那我至少也會個英文嘛!」

阿嬤完全沒有去學校念過書。她非常地遺憾自己沒能讀書識字,很渴望學些東西。

因為我懂阿嬤的心，所以從美國回來後，我和阿嬤也一起去上英文課。

不過不大順利。阿嬤受不了她的舌頭實在不聽話，我也替阿嬤可惜。她說上了年紀後，反應速度也變慢了，就連拍手的節奏都對不上。學英文時，必須在聽了發音後一模一樣地跟著念，這對她而言是說的比做的容易啊！

她也跟 Google 員工說，你們能在這裡工作一定很幸福。那個員工回答阿嬤，無論何時你都有機會工作，就算不行，至少也能夠勝任打果汁的工作。那句話讓阿嬤燃起了一絲希望。

雖然實際上不可能發生，
但一個「只要你下定決心就能做到」的想法，
好像能帶來一股好的能量。

在 Google 活動結束後，雖然非常可惜，該回家的時刻還是來到了。不過，韓國一家旅遊 APP 公司「KLOOK」居然說要贊助我們三天自由行！

阿嬤以為我在開她玩笑，一直不相信，直到確認是真的後，她開心地大聲歡呼。我們決定購買一天可以使用三處景點的自由使用券。我們坐了阿嬤想坐的雙層觀光巴士。

坐上雙層觀光巴士的雀躍不過持續了一下子，我們就發現上面的風不是普通的大。還以為要凍僵在巴士上了。

我們還搭了遊覽船。阿嬤要我掐一掐她的臉，看看我們是不是真的漂在美國的大海上。

然後就是瘋狂血拚啦！

我們買了戴森的吸塵器，也買了阿嬤的第一個名牌包。活到現在也只曾聽說過，第一次真的看到 GUGGI 的阿嬤在 Instagram 寫成「Good 幾」。阿嬤就算當 YouTuber 賺錢，也沒辦法隨意選購名牌。就算我叫她盡量挑，阿嬤仍說就算錢再多也不會買這種東西，你買你的就好，我也是這樣。這時我才真的感受到，想花錢也要是花慣的人才花得下去。最後阿嬤終於挑到中意的一款紅色包包，買下去後阿嬤還抱著包包又親又吻的。

購物完後肚子咕嚕嚕地，說到美國還是漢堡有名，所以我們來到有名的「IN-N-OUT」。阿嬤也說美國的漢堡好像有點不一樣，吃得津津有味。我們還在水族館盡情地看魚，四處逛逛，阿嬤則是展開好奇心的旅程。在路上看到街頭表演的人，她也走向前探頭探腦、摸一摸。聽說人上了年紀之後好奇心會逐漸消失，可阿嬤的好奇心還真不少！她這個人沒辦法忍受有好奇的事情不開口問。

阿嬤真像是年紀大的蠟筆小新。

過了金門大橋後，我們留下紀念照，阿嬤在 Instagram 寫下：
「我今天橫越美國海上的金民教橋」。
然後名叫金民教的演員還親自回覆貼文。

我終於懂了美國高熱量食物的滋味。

一個箭步跑去街頭表演的老爺爺旁邊，
抓著麥克風擺 pose 的阿嬤，真受不了。

我們和 Google 團隊一起到舊金山動物園，
使用 Google Lens 智慧鏡頭玩找動物遊戲。

和尚恩以及 Google 的副總裁薩米爾・薩瑪特（Sameer Samat）一同。
他們一看到阿嬤，就喊著：「Korea Grandma」。

末禮

我在旅行時，喜歡跟人們一起拍很多照片，反而比較少
拍建築物。
回來以後，我會看著那些人回憶旅程的故事。

上了年紀後，「人」變得很珍貴。
舊時認識已久的人們一個一個歸西，
也沒有機會認識新的人，
所以說老人家才會孤單吧？

和阿嬤變成好朋友的尚恩。尚恩沒有輕視我們的信，
最後成功交給CEO蘇珊。謝謝你，尚恩！

宥拉

這次去 Google 時，阿嬤說想見見 YouTube 的 CEO
蘇珊。她甚至寫了一封信要給她。

蘇珊（Susan），
謝謝你！感謝你邀請我們到美國。一次不夠，希望你
能再邀請我們一次，謝謝。更正，是祝你身體健康。
我不懂英文，這樣也可以嗎？
更正，是祝你幸福，再會！

不巧地，蘇珊當時並不在，最終我們仍沒能見到面。幫
了我們許多忙的尚恩說他會替我們轉達信。之後一直沒
有消息，我們也想大約是忘了那封信了吧？

然而幾個月後，尚恩捎來消息。那時我們正好在家庭旅
遊，再次去了瑞士。點開尚恩傳來的連結，居然是他轉
交信件給蘇珊的影片！

真是太貼心了！

太感謝他了。蘇珊甚至透過影片留了一段話給我們。她說她曾看過阿嬤的影片，然後表示有收到信，謝謝阿嬤寫信給她。

「找了那麼久連個影都沒看見，看來她是躲進筆電裡面了！」

阿嬤找了那麼久的蘇珊，她在筆電裡終於看見蘇珊後十分地高興。然後接著又說，真是遺憾她不會英文，都不知道要怎麼給人家回信。

「阿嬤別擔心，我會幫你。」

我們決定拍攝 Reaction 反應影片，拍得像電影《愛是您·愛是我》中那個經典求婚場景一樣。我們隨手用廚房紙巾取代素描本，寫下字句，然後一張一張撕掉。

我們用「Hello Susan You are CEO I'm YouTuber We are family」開始，以簡單的英文回覆訊息。

幸好尚恩又幫我們把這部影片傳給蘇珊，蘇珊還在
twitter 上介紹我們的 YouTube。

總而言之，
雖然很抱歉又寫出這麼迂腐的文字，
但是，這所有的故事真是令人「不可置信」。

蘇珊你好！我愛你！我們是一家人！

末禮

宥拉真的是很會拍影片。

整天扛著一臺重死人的相機到處奔波，她說值得啦！

（連我放個屁宥拉也要拍）

那部影片要說有多厲害呢？先跟你們說，那個內容就是我到處尋找 YouTube 老闆蘇珊，然後真的蘇珊本人透過尚恩收到我的信後，居然還在影片裡面留言給我們！

（我們和蘇珊的後續故事你們都知道吼？粉蘇們，後面我們會再說更多喔！）

這麼像夢一樣的事情真的發生了。怎麼想都覺得真是無法相信！

阿娘喂呀，該不會這都是戴面具在演吧？

我一開始還以為宥拉是開什麼美國電視劇給我看呢！

當 YouTuber 的人之中，能夠收到老闆信的人，

應該真的只有我喔！

3Q！3Q！蘇珊！！

8
我要
賺很多錢
跟機器生活

#習慣性強迫購買 #我要跟機器生活
#冰箱所告訴我們的世界 #完全想像不到
#三星成長不少嘛 #家族旅遊還是去東南亞最好

宥拉

從 Google 活動回來後，三星也聯絡了我們。他們邀請我們參與在德國柏林舉辦的歐洲最大規模家電展覽會—IFA 2018 的三星活動。一直到抵達現場，阿嬤仍是滿頭問號。

「到底為什麼要找我來啊？」
「因為阿嬤對家電很有興趣，所以才叫你來看看吧？」
「為什麼三星突然做起好事來啊？」

我們進到活動現場的三星城。哇，規模大到可以把一棟建築物都租下來展示得滿滿滿！我阿嬤這個「冰箱」狂粉興奮不已。好像來到暢貨中心一樣，她邊喊著：「冰箱！冰箱！滾筒洗衣機！」邊四處遊走在展區……阿嬤，你這樣和去逛名牌店的時候差太多了吧？

第一次看到 8K 畫質電視的阿嬤，
「要是用這個看晨間連續劇一定會很好看！」
阿嬤對連續劇的愛真是無法擋！

聽說三星要找我？

Google 當然也很了不起！不過三星是我本來就知道的公司，可能因為這樣，一想到韓國最厲害的公司要送我去德國，真是好神奇！

因為這回不能參加互助會的聚會，所以我跟朋友說明了一下。之前講 Google 的時候他們還沒什麼反應，一聽到是三星，他們都跳了起來，跟我說恭喜。

三星還給了我們手機。三星真的很大，我很自豪。

我心想，我們韓國也進軍國際了啊！因為是韓國企業，我以為就算在國外有分公司，應該也都是韓國人，結果那邊也有外國人，好神奇！

「那國外的老闆是誰啊？」

我很好奇。我還真是什麼都想知道。

下輩子我真的不要結婚，要跟機器生活！

機器什麼都幫我做！

要是跟老公過生活那才真的是吃虧。

一早起來要煮飯給他吃，還要幫他洗衣服、燙衣服，晚上又不能看我喜歡的電視劇，要看體育臺⋯⋯

要是和機器生活，就不會有這種事了。既不會說話，還會幫忙做事，安靜又不會外遇，多好！

跟男人生活，心裡頭經常會有不安的時候。

我老公最後也外遇出走。現在死了好了，我心裡也落得輕鬆自在。

在天上的永祿阿爸，對不起啊！你死了，我心裡本來鬆了一口氣，又突然覺得你實在很可憐。離開這麼好的世界先走一步，真是可憐！所以你這口灶，要是以前對我好一點，現在我們還可以一起坐飛機出去玩⋯⋯。反正你現在在天上了，就在天上後悔一輩子吧！

我們還見了一個名叫「Doodle」的有名畫家。

因為聽宥拉說要見「凸的」，我還以為她是說吃錯東西就會看見臉上長凸凸的，原來他的名字就叫作「Doodle」。

怎麼我不知道的東西這麼多？所以我才不會老嗎？因為我不知道的太多？

和阿嬤相見時即席作畫的 Doodle！

宥拉

我們和藝術家「Mr. Doodle 塗鴉先生」見面，他在阿嬤的照片上面創作塗鴉；我們還受邀到「廚師俱樂部」的料理秀一嘗米其林料理。正當我們享受著各種活動，突然三星的歐洲行銷常務出現了，說想和阿嬤合照。常務的個子很高，為了配合阿嬤的身高，他單膝跪下，阿嬤說她還以為常務是要跟自己告白，希望她做他的女朋友。阿嬤不知道是不是心裡已經默許，看到每一個家電都要我買一臺給她。我說阿嬤，你是特地來這邊準備嫁妝的嗎？

雖然 Google 也非常厲害，不管怎麼說，三星畢竟是由韓國人來做說明，我們很快就能理解那些內容。尤其阿嬤可以輕鬆又熟悉地開開冰箱的門、看看各種東西。只要家裡有 AI 以及連結 loT 物聯網的家電產品，就可以自動轉電視，還可以調整家裡溫度，甚至連燈也可以操控。深受感動的阿嬤還稱讚「三星成長不少嘛！」

除了三星之外，我們也看了其他品牌的各種家電產品，
阿嬤下了這道評論：

「要是再投胎做人，我才不要結婚，我要跟機器生活。」
怎麼突然天外飛來一筆科幻情節？不過，她是說真的。
阿嬤所想像的不婚生活大概是這樣的：回到家後電視自
動打開，然後不中斷地播著晨間連續劇。要是跟男人生
活，那個男人會「靠么」要看新聞臺，她說這樣很煩，
她以後不要跟人類生活。

阿嬤說，要是能夠這樣生活，不結婚也可以。阿嬤經常
把「遇見老公後，人生整叢壞去」掛在嘴邊。要是這種
時代早點來臨，她就不會結婚，她要跟一堆機器一起生
活，真是太可惜。

阿嬤總是抬舉我的能力，告訴我結婚可以晚一點，等到
我把想做的事情都做了再結也不遲。因為結了婚就要生
小孩，要是想繼續工作，那就不要生小孩。她經常說，
要是我賺了很多錢，把想做的都做完了再結婚沒關係。
但要是因為不小心沖昏頭、結了婚，那股對自己未竟之
事的遺憾將會久久無法釋懷。

要是我下輩子還
是當人

(右)極端的IFA參
展心得
(下) 我才不要結
婚，我要跟機器
生活

(上)三星用AI和
IoT物聯網打造出
末禮的不婚生活
(下) 要是跟男人
生活，他會靠么
說要看焦點新聞

我要賺很多錢跟
機器生活

我很懂阿嬤是懷著什麼樣的心情說這些話，因為她那麼想念書，卻終究沒能做到。

有很多想做的事的阿嬤，卻有很多事情都不能做，她是個可憐人。不知道是否因為不會騎腳踏車，只要阿嬤看到腳踏車就會一個箭步跑過去拍照；她很難過自己不會英文，也沒有念過書。不過，我相信正因為她這樣想，阿嬤在這個年紀才能不斷學習成長。

在我們出發前往義大利的那天，我在機場忙著，阿嬤自己一個人去上廁所回來。那是她的第一次！阿嬤挺著胸膛從廁所回來，還在 Instagram 上面炫耀。

在旅途中有時會突然領悟到，對我們而言微不足道的小事，對阿嬤都是很大的成就感。

korea_grandma ⋯

korea_grandma 이제나는송공해다유라없이공항화장실도가다
와다

「現在我成功了！沒有宥拉我也可以去機場上廁所。」

末禮

我和宥拉結束在德國的三星活動後，出發前往義大利羅馬。

這是我們一家人的第一次歐洲旅遊。

我們先去等兩個兒子。（我女兒秀英因為餐廳的關係沒辦法參加，到現在我還是很內疚。你不可以走上媽的路啊！）

在等孩子們的時候，我跟宥拉在機場咖啡廳看沒看完的韓國連續劇。然後瞄了一眼我的行李箱，卻發現我的包包不見了！我放在行李箱上面的包包整個飛走了，哎呀！這該死的小偷居然也在機場出沒？

真是太生氣了！

我珍惜的眼鏡也不見了，皮包什麼的全都弄丟了。衝擊不知道有多大，我眼前突然一片模糊，天旋地轉的。

宥拉先要我放心，然後去警察局拿了什麼紙回來，反正我們倆完全是靈魂出竅了。

後來見到我的孩子們。

宥拉也安慰我，孩子們也來了，雖然我嚇得不小，還是有點鎮定下來。

我開玩笑跟我兒子們說：

「都是因為等你們這些死囝仔脯，我的包才被小偷偷走，都是你們的錯啦！」

結果我那個大兒子居然回：「那媽你幹嘛要叫我們來這裡？」他說為什麼要怪小偷，是媽自己弄丟的。

雖然是我兒子，可是跟他爸一個樣，那個口氣跟那鬼樣子，實在是吼……

我弄丟包包還是其次，這死囝仔說的話真是……

這麼傷人的話我一輩子都忘不掉！

幸好，小兒子還是安慰我說，可能那個包一開始就跟媽沒有緣吧！

宥拉也說她會買更好的包包給我。

大兒子，這個死囝仔真是……

實在太傷心了，他說的每一個字我都記得清清楚楚。就算說空話也好，安慰一下不就行了，為什麼還要講這麼

傷人的話？真是跟他阿爸同一款人。

我跟宥拉說，你以後不要遇到像你爸那樣的男人。雖然
我大兒子也會看這本書，我就是要他反省一下才寫的。
你改改你的脾氣！

旅途中我跟宥拉說：
「宥拉，你跟我兩個人一起到處玩就好了。」

宥拉跟我非常合得來。
宥拉跟我大概上輩子是童年玩伴吧！

korea_grandma ···

korea_grandma 나도엄마다보다가로마공항해서가방통차로다
도독마젓다눈깍박사이에참어히없어다내가방어디있을가나도엄마야
이제안볼레

「看韓劇《我也是媽媽》看到包包在羅馬機場整個被偷走。
就一個眨眼的功夫。真是無言。我的包包到底去哪了?
以後我不要看《我也是媽媽》了。」

宥拉

那是阿嬤非常愛惜的包包。

二十年前阿嬤用將近二十萬圓買下的「口袋包」，裡頭裝著阿嬤的歷史。阿嬤非常珍惜那個包包，不太常揹它，只有去國外旅行才會帶它出門。然而這麼珍貴的包包就這樣被小偷偷走了。何止這樣？包裡面還裝有阿嬤的錢包和大概一百五十萬圓的旅遊經費。

錢包裡還有阿嬤親姊姊們的照片。她說姊姊們沒辦法四處旅行，她要帶著她們一起去。弄丟了那些照片，阿嬤說她實在很難過。

「要是讓我抓到這猴死囡仔，看我留不留他一根骨頭？」

然後阿嬤展開一連串三字經。

接著我爸到了。雖然爸爸開起玩笑就是那樣的，阿嬤卻是氣到跳腳……不過阿嬤，人家說：「難過時哭的人是三流，難過時笑的人才是一流」嘛！

一出發就雞飛狗跳的家族旅遊開始了。

末禮

聽說佛羅倫斯的皮件市場很有名？

兩個兒子說要買皮帶，貨比三家後跟老闆殺價。原本好像三條一百六十歐元的，居然殺到八十歐元！說什麼網路上人家教一定要殺半價。

生意人拿打火機燒著皮帶，說這是真皮，結果大兒子和宥拉懷疑只有那條皮帶是真的，小兒子在旁邊要人家再減十歐元，這三個人真是搞笑。

老大為了買個皮帶，殺了一個小時的價；老二說如果不給他殺價他就不買了，很酷地轉身走掉。我心想：「你會後悔吧？」然後我們也跟著走掉了。當我們正要慢慢走去吃飯時，突然老二又不知道跑哪去⋯⋯

回頭一看，他居然跑去皮件市場的店裡，拎著一個購物袋出來餒？剛才為了殺十歐元，靠夭喔，現在居然出手買了三百歐元的回來？

阿娘喂唷，這是在演哪齣？

 **korea_grandma**   •••

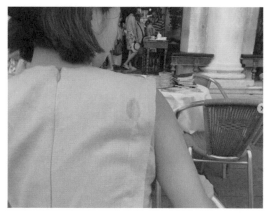

korea_grandma 배이체광장에서커피한장마신장사워유라뒤통수
에다새한마리가날라와똥팍싸고같다오오줌도팍싸고가지

「我們在威尼斯廣場喝杯咖啡時，
有隻鳥飛過來，在宥拉後腦杓拉了一坨屎。
怎麼沒再加一泡尿呢？」

 나노마왔다미니니양산삿다노마참구경할겉도많
고성당구경못하고왔다사람너무만해서드러갈수가없어다

「我來羅馬了。還買了迷你陽傘。羅馬這邊有好多可以看的，
可是我們沒參觀到教堂。人太多了，進不去。」

宥拉

我們又來了，瑞士！

為了爸爸和叔叔，我們又預約了飛行傘。泛舟則是第一次，阿嬤一開始說害怕，結果後來和其他船互相爭著濺起水花，好像在比賽一樣興奮。

問題來了，在羅馬弄丟的那個包包裡，還有我的備份記憶卡。

我現在只剩一個小的記憶卡，若要用這個拍，必須每次拍完後先把影片另外存好，再清空來拍。

我們在德國已經做了很多事情，雖然阿嬤只需要被拍，但她的疲勞不亞於我。因為當我的相機對準她拍，她也會覺得好像必須做點有趣的，要一直說話。

這下正好，乾脆趁這機會好好休息吧！所以我們在義大利和瑞士的時候完全沒有拍要放 YouTube 的影片。

因為是家族旅遊，玩起來的感覺有點不同。和比阿嬤

更沒有旅遊經驗的爸爸和叔叔一起，我要做的事情更多了。

想到因為各自事情沒能一起來的家人，我心裡覺得很過意不去；又因為難得來一趟，我覺得必須盡力陪他們玩，有一股壓力。這是一趟很有紀念性的旅行，所以既興奮又高興，不過也是混雜一點煩躁成分的奇妙旅行。尤其是在經常需要拉車的歐洲，家族旅遊真的很難……

我和阿嬤在旅行時從來沒有吵過架。當然我也有想看的、想吃的，但是我有的是機會再去旅行，而阿嬤卻不知還有沒有機會，所以我們旅行時完全以阿嬤為主。我們去阿嬤會喜歡的地方，去她能夠和朋友炫耀的、最有名的地方。
其實我和阿嬤在一起時很自在也很有趣，我們的笑點差不多，也不太會吵架……

總之，我的結論就是——
家族旅行還是去東南亞之類的地方最好！

雖然我爸傷了阿嬤的心，但他真的很會拍照。

宥拉上輩子肯定是我的童年玩伴。

阿嬤，你好像身上藏了一把槍的帥氣殺手啊！

宥拉，下次旅行我們倆自己去就好了！

末禮

雖然旅行的第一天就因為我大兒子大掃興，不過看到孩子們那麼幸福，我也覺得很幸福。

我第一次去澳洲時的那種心情，我的孩子們大約也感受到了，讓我光看著就覺得滿足。好像以前小時候沒能替孩子做到的事情，到了這把年紀終於替他們完成一樣。

我的開心是其次，看到孩子們開心的樣子，有種被療癒的感覺。

最可惜的就是沒能帶我女兒一起來。我女兒接替我開餐廳，真的很擔心她會像我一樣一輩子被工作埋沒。

來到瑞士，看到人家在寬廣的田野隔起板子，讓牛在裡面走動。我問我兒子為什麼韓國把牛關起來，只讓牠們吃飼料，這裡的牛吃的是天然的草，可是韓牛卻貴那麼多？

然後我小兒子說，那是因為吃起來的味道不一樣。

我又問，那為什麼衣服是美國製的比較貴，吃的是美國

298

比較便宜？我兒子答不出來。

我看吼，他也不知道吧？我沒聽到答案。

我第二次坐飛行傘。第二次是小菜一碟啦！

不過泛舟我是人生第一次體驗。聽說這是瑞士冰河融化之後積成的水，發出祖母綠色光芒，那是我一輩子都忘不掉的顏色。好久沒有這樣尖叫，開心地玩水了！

下次來瑞士要玩什麼別的呢？

·製作花絮·

**「當年太窮給不起，
阿嬤給兒子女兒的驚喜禮物」**

（선물 받을 친구）
나이가 어떻게 돼요?

（要送禮物的對象） 幾歲呢？

오십둘..

五十二歲……

• Commentary •

我們要和一個名叫「Jini」的有名 YouTuber 一起拍影片。
一進到她的辦公室，看到堆積成山的玩具，突然我就想起
孩子們。我的孩子還在長大的時候，我曾經在文具店賣過
一些玩具。帶著孩子們一起去菜市場，如果經過文具店，
一個個就喊著：「媽媽我要那個」，我卻沒有好好買過一
個玩具給他們。因為那些錢可以買黃豆芽，每次都勉強地
把孩子拖回家裡。

可是去到 Jini 那邊，真是百感交集。天哪！這麼多的玩具，
我怎麼就一個也沒買……雖然時間都過了這麼久，看到現
在玩具跟尿布都做得那麼好，我就滿腔的遺憾和羨慕。在
養我這些孩子的時候，連一片尿布都不曾給他們買過。我
自己做得要死要活的，還只能勉強供三個孩子吃飯上學，
談什麼玩具？我沒能讓他們玩到什麼。

要是真有買玩具的時候，買的一定是絕對不會壞掉的陀螺，

而且是木頭做的，一顆。所以我大兒子去撿來紙箱，自己做成尪仔標玩。因為我從來沒有買給他……。我小兒子很喜歡汽車玩具，我沒辦法買給他，他就拿著枕頭說那是車子，然後拿著鍋蓋說他在開車。然後我就靠夭他這樣枕頭會壞掉。

我的小女兒秀英很喜歡可以換穿衣服的娃娃，想當然我也沒有買給她。秀英也拿著枕頭玩……。看到 Jini 拍攝場地的玩具，我突然很想送玩具給我的孩子們。

我的身體老了，但心裡還是青春的。
我想孩子們的心應該還是當學生那時候吧？所以拿了玩具回來送給孩子們。

我那些猴囝仔收到禮物後，當場什麼也說不出來。然後晚上在那邊挑玩具。

說原來媽沒忘記啊？謝謝你買玩具給我們……。

 **猴囝仔的感想**

大兒子永祿
看到媽還記得我喜歡陀螺，特地買陀螺回來，忍不住一陣鼻酸。雖然收到禮物的是我，媽卻更開心，我也很開心。
謝謝您，我愛您。

二兒子殷玉
媽送我們玩具，我鼻酸了所以說不出話來。
比起哥和妹妹，其實媽給我的支援比較多。我說要打棒球，害媽媽操了很多心。所以我只記得當我想要什麼，媽即使再辛苦也會幫我做到。收到玩具時，其實我心裡對哥和妹妹更加抱歉。
我愛大家。

老么秀英
小時候我好想要瘦瘦的娃娃，媽說很貴沒有買。所以我只能用那時候五十圓、一百圓的紙娃娃玩遊戲……

不知不覺我也超過四十歲了，媽卻送我一個包紫菜飯捲的玩具，還有一個很小的娃娃。我問她：「這什麼？」「我小時候想要的不是這種啦！」真是令人傷心。（媽居然連我小時候想要什麼娃娃都不知道……唉唷……）

過了不久，YouTuber 上出現這段影片，原來我想要的是什麼娃娃媽全都知道。
那段影片我不知道看了幾十次……。
每次看，我的心就覺得很難受而哭。
媽已經七十多歲了，我四十多歲……。
那時候她沒能買給我的遺憾，究竟有多放在心上啊？
她的心情一定不亞於沒有娃娃的我。

我也生養孩子後，好像現在才懂了。
媽！對不起，謝謝你！還有我愛你！

9
朴末禮 SHOW，
與蘇珊
見面

#為了見末禮 #YouTube老闆 #蘇珊 #天哪好想見你
#歷史性的會面 #朴末禮show #不是合成 #捲紫菜包飯

末禮

「阿嬤你不要嚇到喔!」

宥拉打電話給我。

現在我幾乎不怎麼會嚇到了。

「蘇珊說要來韓國見阿嬤!」

蘇珊是誰啊?看來是明星,我還在想到底是誰時,再想
想,蘇珊?蘇珊?那個 YouTube 老闆?

天哪!那位老闆真的要來韓國見我?

一睜開眼,這一天終於到來!

心臟好像要跳出來一樣。

你問我為什麼要跳出來?因為我聽不懂蘇珊講的話啊!

我又要埋怨我阿母了,真的要起肖!

英文!你讓我學一點英文嘛!

就算沒辦法倒背如流,至少也得懂一點基本的吧?

昨天晚上我和宥拉一起練習,結果是左耳進右耳出。到
底為什麼我聽了,就馬上從另一隻耳朵出去呢?

這讓我想到我那得到痴呆的姊姊們,像這樣聽了馬上就

忘掉，難道是痴呆嗎？以前我聽一次就記起來，現在聽了十遍還是一直忘記，姊姊們也都是這樣才得到癡呆的嗎？我忍不住一直擔心。

「不是啦，阿嬤！不是這樣！」
宥拉寫了大字報我還是不行。
就算我練習一百次、一千次也不會。
「算了啦！我要照我意思講。」

蘇珊進來了，真的好像一幅畫走進來。
我在 YouTube 上看到的人從畫面跑出來走向我，真的好神奇！我拍 YouTube 影片以來看過很多明星，除了權相佑之外，我幾乎沒有這麼緊張的時候。她的步伐和眼神真的不一樣，有老闆的氣勢。我在旁邊很緊張，老闆果然就是一派輕鬆，跟我們不一樣。

因為有翻譯在旁邊，我鬆了一口氣。我給她看我準備的紫菜包飯，還交換禮物。
我收到了一件印有我名字的 YouTube 圍裙。
這禮物全世界只有一件！
YouTube 老闆說這是她第一次來韓國，卻是為了我而來，我這是什麼好命啊？

朴末禮：「你帶這個回去，可以在飛機上面吃。」
蘇珊：「Thank you. Korea Grandma.」

唉唷，現在能見到面真開心！

宥拉

我人生最大的樂趣就是成就感。我的生活就像是只要立下一個目標,就努力像闖關遊戲一樣去解鎖任務。
當一個 YouTuber,站在孫女的立場,目標是阿嬤的幸福;但站在導演的立場,我的目標是希望這個頻道的價值能夠獲得肯定,廣為人知。

二〇一八年五月,我們前往 Google 開發者大會時用尋找蘇珊概念所拍的影片,其實是真的想一見 CEO 蘇珊‧沃西基(Susan Wojcicki)。早在兩年前獲得白銀創作者獎時,得知 YouTube 的 CEO 是女性後,我搜尋了一些蘇珊的資料。她的能力在業界早已是眾所皆知,同時她也是育有五子的超強職業媽媽。不用一下的功夫,我們就成了蘇珊的粉絲。

感覺依蘇珊的性情,很可能會喜歡我阿嬤。她所具備的溫暖和智慧,一定會為我們頻道誕生的背後故事,以及阿嬤的人生逆轉故事而感動並且送上祝福!

我總覺得我們會先見到國外大公司的老闆，而不是韓國本地的大公司老闆。也就是說，其實我一直覺得我搜尋的這個蘇珊，感覺好像真的會與我們相見。聽起來很像胡言亂語，但我真的有過那種感覺。

所以我們發送訊號給蘇珊。那就是 2018 Google 開發者大會時製作出來的成品「尋找蘇珊 (Searching For Susan)」。然後一切如我的計畫，藉由尚恩的幫忙，蘇珊甚至給我們捎來回信，然後我們就模仿電影《愛是您 · 愛是我》的經典場面，用影片回覆蘇珊。這就是我誘使蘇珊採取行動的訊號！

我的真心用 LTE 5G 級速度咻地傳過去了。最終，這個夢想實現了。

我們居然真的要和 YouTube CEO 單獨會面！
Google Korea、YouTube 團隊，以及我從一個月前就一起抱頭苦思。
「究竟要怎麼安排，才能讓這個歷史性見面呈現得更棒呢？」

當然，拍攝、編輯的事情全都在我這邊，其實這讓人更有負擔。

「『朴末禮 Show』怎麼樣呢？
像美國艾倫秀一樣，朴末禮秀的第一位嘉賓就是蘇珊！」

那天起，我就開始好好地準備招牌設計、攝影機動線，還有中間要一起做紫菜包飯的準備事項。此外，我還準備了一些蘇珊和阿嬤彼此能夠感受到交集的提問清單，以及特別給蘇珊的禮物。為了以素食為主的蘇珊，我也另外準備了蔬菜口味的紫菜包飯。
我們用只能在這裡體驗到的活動和故事，充實了這次的會面。

拍攝當天，我自己一個人開三臺攝影機，緊張到不行。蘇珊回去後，我在咖啡廳轉移影片檔，仍在想著這究竟是不是在作夢？感謝著這段時間樂於拍攝 YouTube 影片的阿嬤，我以她為榮（？）。這天，我也好以自己為榮。

蘇珊表示來拜訪阿嬤的理由，是因為阿嬤的人生十分值得所有女性借鏡。沒錯，我就知道蘇珊會懂我阿嬤！加上這所有一切，全都是因為 YouTube 才可能發生的事，蘇珊也會想把這個故事告訴全世界吧？

另外，蘇珊也告訴我們，她把我們製作的 Google 開發者大會的影片《尋找蘇珊》在會議上給員工們看了。

那是我身為導演在人生中最棒的一天。

和蘇珊的會面帶給所有人感動，也是我們很重要的經驗。雖然阿嬤已經透過 YouTube 改變了人生，而我也感受到我的人生有了不亞於阿嬤的改變。

和蘇珊一同前來的組員在回去的路上還向我們道謝說，他們跑過的國家之中，韓國是最棒的。

居然會有掛上「朴末禮 Show」名稱，拍攝和蘇珊見面影片的日子到來！
人生中身為導演最棒的一天。

沒說完的故事

Google 執行長
想見
阿嬤！

#不是合成 #人生就像朴末禮一樣 #不是淑華是桑達爾
#還以為我被罵了 #GoogleCEO
#我要當 Google 的女兒 #我要當 Google 的阿嬤

宥拉

二〇一九年，我們又受邀參加每年五月舉行的 Google 開發者大會。

我以為去年的 Google 開發者大會是我們第一次，也是最後一次參加。這就好像是託蘇珊的福，多拿到一次紅利的感覺！抱持著感恩的心，我們再次造訪位於舊金山的 Google，我又再次陷入煩惱中。這次要拍什麼影片呢？

去年製作的《尋找蘇珊》幾乎把我一半的靈魂都投進去了，我可沒有再做出同樣水準的自信。既不想要做類似的電影形式，也不想要太刻意操作的感覺，又掉進創作痛苦的漩渦中。

一直到飛機起飛的瞬間，我什麼決定也下不了，就這麼毫無準備地到達舊金山。

感覺好像見到尚恩，就會很自然地有些想法。
是啊，先見見尚恩吧！

但是……這次來了一個沒見過的 Google 員工前來接我們。
原來，尚恩剛做完盲腸手術，仍在恢復當中。
是啊，乾脆我們一起休息吧！

第一天，我們在飯店用 Instagram 直播的方式，和追蹤我們的粉絲一起聊天互動。要是像去年一樣，大概一到飯店我就忙著把攝影機架在腳架上拍攝。這次我像中邪一樣，覺得好像應該放鬆玩樂，所以就盡情玩了。

第二天則和去年一樣，我們在 Google 總公司園區參觀。有些地方我們去過，也有我們沒去過的地方。公司實在太大了，我們本就知道來回各棟大樓時可以騎腳踏車，但不知道原來裡面也有計程車。Google 的員工會利用 APP 叫「G RIDE」，然後搭乘車子在園區內移動。當然，這是免費的，所以我跟阿嬤搭了不少次。
為什麼這麼方便啊？
雖然我的心裡還在煎熬，不過至少身體輕鬆，感覺真好啊……
這回是加碼的紅利場，所以我要享受啊！

korea_grandma ••••

korea_grandma 펀드라나미국셈푸란디스코도착했어요장년에
온호텔이야너무좋아요다편들덕이구나고마워요좋은추억많이만들게

「粉蘇們！我到美國舊金山了！是去年住過的飯店。
真是太好了！都是託粉蘇的福啦！謝謝你們，我會玩得很開心！」

終於見到尚恩了。阿嬤送尚恩一對穿韓服的熊玩偶。

在 Google 裡，我是「雙包雙機女」。

第三天是開發者大會的重點── Keynote Day。簡單來說，就是 Google 幹部出來發表 Google 新技術的日子。去年我對新科技大為感嘆，今年我關心的則是觀眾。聚集在這裡的九千多名觀眾，究竟都是些什麼樣的人呢？聽說許多人就算不是科技業從事者，也非常踴躍參加 Keynote Day。美國人為什麼對科技這麼有興趣呢？甚至因為申請的人數過多，他們還要在已經完成申請的人之中抽籤，只有抽中的人可以在現場聆聽。聽到這裡，我想今天放下攝影機，專心在演說上真是做對了！

結束開場演說後，我們用完午餐正在到處閒逛，帶我們的 Google 員工急急忙忙地跑了過來。
他用非常認真的表情，喘了口氣後說道：
「你們聽我說，現在……現在桑達想見你們。」
「你說什麼？（阿嬤把桑達聽成『淑華』）」
「我說，Google 的 CEO 桑達想要見你們！」

真的是太誇張了！
不過，這個衝擊不過幾秒鐘，我的腦中馬上想起：
「這下好了，好了！我想到影片要做什麼了！」

末禮

Google 的員工在背後叫我們的時候，我還以為我做錯什麼了。那個員工的表情也很嚴肅，好像真的要發生什麼大事了。

不過真的發生大事了。

那個叫桑達還是什麼的，我一句話也聽不懂，只是盯著那員工的嘴巴看。宥拉在旁邊說：「Google 的 CEO 嗎？」

「Google 的老闆為什麼要見我？他該不會要教訓我說，上了年紀的老阿嬤懂什麼，還學人家當 YouTuber 吧？」

我白擔心一場，心臟是怦怦跳。

結果不是，人家是喜歡我這個老阿嬤，說想見我一面。Google 的員工用閃亮亮的眼睛看著我，說：「阿嬤恭喜你！」我的眼眶突然充滿眼淚……是沒有掉下來，不過真的差點一個眨眼，眼淚就要掉下來了！

那時候我的腦袋就想，唉唷，我們宥拉還扛著那麼重的

攝影機，想破頭到底要拍什麼好，現在終於可以放鬆好好休息了。我就想著這個，跟著鬆了一口氣。

然後 Google 老闆出現在眼前，我也不自覺就衝了出去抱住他！
在警戒森嚴的狀況下，大家都很緊張，我一跑去抱住他，大家都笑得很開心。
好像本來是要到背景漂亮的地方，簡單地說個幾句話。
結果我太開心了，自己跑出去迎接人家。
我們真的在階梯最上面抱抱，還聊天、拍照喔！
真是不敢相信 Google 的 CEO 居然站在我眼前。

桑達爾‧皮查伊 (Sundar Pichai) 跟我這樣說，
他說比起其他人，我的故事給他更多的靈感。

見過 Google 老闆之後，我又下了新的決心。雖然我知道我的人生剩下不久，但是我要活得比現在還要熱情！
人家說我這個老人生活過得有趣的樣子給世界級 CEO 很多靈感，我不應該活得更開心嗎？我會更認真地享受生活，好讓你們研究更多、更好的技術！

我還以為要被罵了，結果他這麼喜歡我。
Google員工也說從來沒有這樣的會面，忙著恭喜我。
都是託粉蘇的福啦！

「粉蘇們，Google老闆把我的照片放上Instagram了。真是太感動，大家要多多按讚啊！」

korea_grandma

korea_grandma 내가편새에처음외국친구들한테자기소개했어
다떨녀서죽넛줄알았다마음이초든학생댕겼기분이녀다그겄도외국학
교

「我這輩子第一次在外國朋友面前自我介紹，
我緊張死了。可是心裡好像變成小學生一樣，
而且是外國小學。」

宥拉

二〇一九年五月，我們居然還見到了 Google 的 CEO
桑達爾・皮查伊。我們就好像在遊戲的迷宮裡找到金幣
堆一樣，突破終極挑戰，結束完美的一局。

要是我們的故事以後變成電影，說不定還會砸鍋。因為
光是目前為止的一切，全都太不真實了。這些事情彷彿
就像是太過完美的電影情節，好像有人用想像的方式寫
好的劇本。

阿嬤，下一回我們要去挑戰什麼呢？

後記
末禮繼續衝衝衝

所謂人生啊……

曾經我覺得我的人生是世上最可憐的，

那麼地辛苦。

那時候，

我會預想到人生有那些試煉嗎？

人生真是無可預料。

我能預想到七十一歲，

會有這樣的幸福嗎？

曾經我覺得，聽別人的人生故事是最無聊的事情了。我要
向願意把這本書讀到最後的各位讀者，致上最高的敬意。

開始 YouTuber 兩年半。
要說習慣也算還習慣的 YouTuber 日常生活，
若要說有和以前不一樣的地方，那就是我不會再輕易斷定
我的明日。

希望各位能在這種時候拿起出來看：
事情不順利時，
所以你擔心尚未到來的明天時。
如果看了之後你還是很不安，
那請你再翻到第一頁，從朴末禮的幼年時期開始看起。

要是那個時期的小末禮，

能夠抱持著對往後榮耀光景的期待撐下去，

會不會就不那麼辛苦呢？

在這個「幸運」彷彿只屬於含著金湯匙出世的人的世界中，

末禮女士在一覺醒來就中頭獎的故事。

希望這個故事能夠帶給各位的生命一點點慰藉。

若你擔心明天，不如試著去期待看看。

人生很長，

我們一起期待閃閃發亮的七十歲吧！

2019年度

朴末禮模擬考

1. 下列何者為朴末禮緊張時會出現的習慣？
   ① 放屁　② 上廁所　③ 打哈欠　④ 唱歌

2.「2018 DIA 慶典」時朴末禮的服裝主題是什麼呢？
   ① 度假風　② 全黑　③ 性感　④ 睡衣

3. 朴末禮的大兒子長得像那個藝人？
   ① 權赫洙　② 丁海寅　③ 李帝勳　④ 權相佑

[4~7] 請閱讀朴末禮所說過的話後，選出括號內的單字。

4.「只要是（　　）演的電視劇，那是一定要看的。」
   ① 申東燁　② 崔秀宗　③ 羅勳兒　④ 尚恩

5.「（　　）應該由男人來做，不要平常只會炫耀自己多
   有力氣，把力氣用在（　　）的時候吧！」
   ① 運動　② 大嚼美食　③ 醃泡菜　④ 事業

6.「你知道阿嬤去（　　）的時候妝會比較濃吧？」
   ① 洗手間　② 韓醫院　③ 互助會聚會　④ 百貨公司

7.「聽說現在眉毛都化成像小狗。我們那時候都是畫得像
（　　）。」

　　① 貓　　② 狼　　③ 狐狸　　④ 海獺

8. 朴末禮的田裡長得最好的農作物為何？

　　① 辣椒　　② 南瓜　　③ 馬鈴薯　　④ 番茄

9. 水果朴——朴末禮最喜歡的水果是什麼呢？

　　① 香蕉　　② 葡萄　　③ 甜柿　　④ 哈密瓜

10. 朴末禮睽違十五年到桑拿房去時，在進去熱療室之前
　　最先選擇的餐點為何？

　　① 甜米釀　　　　② 麥飯石烤蛋
　　③ 水正果茶　　　④ 海帶湯

11. 下列何者是朴末禮說生日跟她一樣的人物？

　　① 權相佑　　　　② 羅勳兒
　　③ 崔秀宗　　　　④ 丁海寅

12. 「究竟阿嬤的包包裡都裝了什麼」影片中，阿嬤邊說：
「天哪，這個怎麼在這裡？我找這個找得靠ㄠ都沒有，
居然在這裡捏？」邊拿出來的東西是？
① 假髮　② 開瓶器　③ 行動店源　④ 水果刀

13. 「在瑞士做泡菜鍋邊吃邊看韓國電視劇」影片中，阿
嬤所收看的電視劇是？
①「我唯一的守護者」
②「經常請吃飯的漂亮姐姐」
③「你太過分了」
④「我也是媽媽」

[14~15] 請看旅遊照片，寫出阿嬤下的標題。（簡答題）

14.

（　　　　　　　　　　　　）

15.

(　　　　　　　　　)

16. 請參考提示的初音節，猜猜朴末禮會想到什麼單字？
（簡答）

ㄗ ㄐ → (　　　　　)

17. 阿嬤在汝矣島開餐廳時，張班長和阿嬤說了什麼話？
請選出空白處應填入的單字。

> 「你會賺大～錢喔！到時候就用 (　　　) 賺錢了。」

① 餐廳

② YouTube

③ 腳

④ 鼻子

18.「真的是大鬧 Google…！（尋找 YouTube CEO）」
影片中，請選出空白處朴末禮說的英文會話。

> 「很煩耶！我背不起來，真想哭。
>
> 好煩，英文太難了。
>
> Hello. Thank you, (　　　), F**you, Sh**!」

① Excuse me　　② Sorry

③ Fighting　　　④ Good

19.「真的！超想收到的中秋禮物是？」影片中，朴末禮
所選出最想收到的禮物第三名是什麼呢？

① 禮券　　② 洋裝　　③ 化妝品　　④ 水果

20.「當末禮看到防彈少年團『IDOL』MV 時」影片中，
朴末禮所下的評論如下，請選出空白處應填入的字。

> 「（　　　）時候的混亂根本不算什麼嘛！」

① 粉絲見面會　　② 老虎

③ 六二五韓戰　　④ 社區宴席

[21~30] 請用標準國語翻譯以下的末禮語。（簡答題）

21. 坎勾路　　　→　　（　　　　　　　　　　　　　）

22. 醫尿　　　　→　　（　　　　　　　　　　　　　）

23. 感節　　　　→　　（　　　　　　　　　　　　　）

24. 烘你　　　　→　　（　　　　　　　　　　　　　）

25. 痛風籃子　　→　　（　　　　　　　　　　　　　）

26. 猴洞　　　　→　　（　　　　　　　　　　　　　）

27. 紀宜達　　　→　　（　　　　　　　　　　　　　）

28. 長翁　　　　→　　（　　　　　　　　　　　　　）

29. 欣嘆　　　　→　　（　　　　　　　　　　　　　）

30. 轉來轉去　　→　　（　　　　　　　　　　　　　）

辛苦了！

朴末禮模擬考解答

1.③ 2.④ 3.③ 4.② 5.③ 6.③ 7.② 8.①
9.③ 10.① 11.② 12.③ 13.③ 14.好熱
15.大頭雨傘 16.自己 17.④ 18.② 19.①
20.③ 21.袋鼠 22.醬料 23.感覺 24.亨利
25.通風籃子 26.活動 27.記憶卡 28.長工
29.欣賞+感嘆 30.暈頭轉向

國家圖書館出版品預行編目資料

越活越勇敢，我是朴末禮：網紅阿嬤重生的勇氣 /
朴末禮、金宥拉著 / 郭佳樺、李佩諭譯 . -- 初版 .
臺北市：三采文化，2020.1
面 ； 公分 . -- (MindMap ；198)

ISBN 978-957-658-251-6（平裝）
1. 生活指導 2. 老年
177.2   108016529

suncolor 三采文化集團

MindMap 198

越活越勇敢，我是朴末禮

網紅阿嬤重生的勇氣

作者｜ 朴末禮、金宥拉   譯者｜ 郭佳樺、李佩諭

副總編輯｜ 郭玫禎   校對｜ 張秀雲   美術主編｜ 藍秀婷   封面設計｜ 李蕙雲   內頁排版｜ 周惠敏

版權經理｜ 劉契妙   版權主任｜ 孔奕涵   行銷經理｜ 張育珊   行銷企劃｜ 陳穎姿

發行人｜ 張輝明   總編輯｜ 曾雅青   發行所｜ 三采文化股份有限公司

地址｜ 台北市內湖區瑞光路 513 巷 33 號 8 樓

傳訊｜ TEL:8797-1234   FAX:8797-1688   網址｜ www.suncolor.com.tw

郵政劃撥｜ 帳號：14319060   戶名：三采文化股份有限公司

本版發行｜ 2020 年 1 月 10 日   定價｜ NT$420

suncolor